贵州财经大学经济学研究文库

普惠金融体系下的 公益性小额信贷研究

李秀丽 / 著

中国社会科学出版社

图书在版编目（CIP）数据

普惠金融体系下的公益性小额信贷研究/李秀丽著 . —北京：中国社会科学出版社，2017.12
ISBN 978 - 7 - 5203 - 1274 - 5

Ⅰ.①普… Ⅱ.①李… Ⅲ.①信贷管理—研究—中国 Ⅳ.①F832.4

中国版本图书馆 CIP 数据核字（2017）第 261084 号

出 版 人	赵剑英
责任编辑	谢欣露
责任校对	周晓东
责任印制	王 超

出 版	中国社会科学出版社
社 址	北京鼓楼西大街甲 158 号
邮 编	100720
网 址	http://www.csspw.cn
发 行 部	010 - 84083685
门 市 部	010 - 84029450
经 销	新华书店及其他书店

印 刷	北京明恒达印务有限公司
装 订	廊坊市广阳区广增装订厂
版 次	2017 年 12 月第 1 版
印 次	2017 年 12 月第 1 次印刷

开 本	710×1000 1/16
印 张	11.75
插 页	2
字 数	175 千字
定 价	50.00 元

凡购买中国社会科学出版社图书，如有质量问题请与本社营销中心联系调换
电话：010 - 84083683

前　言

联合国在 2005 年小额信贷年会上，为实现"千年发展目标"中的"根除极度贫困和饥饿"目标而提出普惠金融（inclusive finance），消除"金融排斥"。普惠金融是在小额信贷基础上提出的，是小额信贷的延伸和扩展。国务院 2015 年 12 月出台《推进普惠金融发展规划（2016—2020 年）》（国发〔2015〕74 号），以金融市场供给侧结构改革为核心，尤其以农村金融市场体系建设为重点，加快我国普惠金融体系建设。

我国传统农村金融市场体系，改革开放以来就处于非均衡发展状态，服务于我国工业建设为主的逻辑，市场供给主体单一且资金以流出为主，农民信贷可获得性远低于全国平均水平，致使农村金融没有起到应有的促进经济发展的作用。信贷是人权，著名的小额信贷创始人尤努斯如是说。公益性小额信贷通过团体贷款、动态激励、分期还款、提供社会服务和培训等方式有效地解决了传统农村金融中的信息不对称、缺乏抵押物的制约因素，实现对农民尤其是农村贫困人群的信贷服务，为他们脱贫增收提供有效支持，成为一种新的开发式扶贫方式，改善了贫困人群的生产生活、提升妇女赋权和农户社会资本获得。同时，因金融服务方式创新而推动了农村金融市场改革和创新发展。但在近二十年的发展中，公益性小额信贷面临着法律环境制约、资金来源渠道不可持续、自身治理水平有待提高和财务不可持续等问题的困扰，制约着他们的进一步可持续发展，公益性小额信贷机构由高峰时期的 300 多家发展到目前的 40 多家。在普惠金融体系建设框架下，公益性小额信贷将何去何从？

本书立足于普惠金融发展规划，即"到 2020 年，建立与全面建成小康社会相适应的普惠金融服务和保障体系，有效地提高金融服务可得性，明显增强人民群众对金融服务的获得感，显著提升金融服务满意度，满足人民群众日益增长的金融服务需求，特别是要让小微企业、农民、城镇低收入人群、贫困人群和残疾人、老年人等及时获取价格合理、便捷安全的金融服务，使我国普惠金融发展水平居于国际中上游水平"，系统梳理公益性小额信贷的引入背景和核心制度，分析其社会发展贡献，总结其发展所面临的困境，结合我国农村金融体系改革内容和国外小额信贷、非正规金融发展演进历程，探讨我国公益性小额信贷在普惠金融建设框架下的演进方向。

《推动普惠金融发展规划（2016—2020 年)》提出："引导各类型机构和组织结合自身特点，找准市场定位，完善机制建设，发挥各自优势，为所有市场主体和广大人民群众提供多层次全覆盖的金融服务。"据此逻辑，在农村金融市场中占有信息成本优势、团体担保优势和交易成本优势，在满足农户和贫困人群金融需求上具有明显优势的公益性小额信贷应该值得重视和发展，在普惠金融建设体系下其法律身份也将得以明确，正如《推动普惠金融发展规划（2016—2020 年)》中明确提出："通过法律法规明确从事扶贫小额信贷业务的组织或机构的定位。"

国外非正规金融演进实践也表明，合理引导和制度化非正规金融，发挥其在解决中小企业和农户弱势群体的金融需求方面的优势，是促进非正规金融发展的有效方式。

在机构定位得到国家正式法律法规明确的过程中，公益性小额信贷机构应加强自身可持续发展能力建设，提升机构的影响力和覆盖力。

首先，应完善管理体制，提升制度绩效，拓展融资渠道，实现财务可持续发展，这是公益性小额信贷机构发展的基础。

其次，在实现机构财务可持续发展的同时，保持服务目标的不漂移。服务于农户和农村贫困人群是公益性小额信贷的初衷，也是其立足的根本和存在的理由。而且，随着农业产业化和农民收入的增加，农村金融市场未来有着广阔的发展空间。在保持其扶贫功能的同时，应逐渐提升并强化其金融功能属性，作为正式金融机构，发挥其金融服务功能才是核心和根本。

最后，充分利用互联网开展业务。在信息时代背景下，利用大数据分析技术，突破传统金融机构依赖金融征信数据的局限，充分利用自身拥有大量农户信贷信息的数据优势，对农户信息进行风险评估和信贷管理，开发适合农户需要的方便快捷的信贷产品，不断取得市场业绩。

本书的出版，得到了贵州财经大学经济学院常明明院长的支持和学校的资助，在此深表谢意！

目　录

第一章 导论

一 研究背景

国务院 2015 年 12 月发布《推进普惠金融发展规划（2016—2020年）》（国发〔2015〕74 号），提出要让所有阶层和群体能够以平等的机会、合理的价格享受到符合自身需求特点的金融服务。小微企业、农民、城镇低收入人群、贫困人群和残疾人、老年人等特殊群体是当前我国普惠金融重点服务对象，而他们曾是传统金融服务排斥的人群。

现代小额信贷创始人、世界和平奖获得者尤努斯认为，信贷是人权，是穷人应获得的权利（2006）。著名经济学家阿玛蒂亚·森（2001）指出，贫困的实质是能力的缺失或权利的缺失。我国学者白钦先（1998）提出的金融资源说认为，金融是一种资源，也是一种集自然资源与社会资源属性为一体的对经济发展具有战略意义的资源。[①]如何让低收入人群获得金融资源，从金融信贷支持的角度推动贫困人群的发展，一直是传统金融领域没有解决的难题。我国过去几十年的农村信贷实践说明，政府主导下的"补贴信贷"尝试和商业化运作的农村金融市场改革，都不能有效地将信贷资金渗透到农村贫困人群手中，形成对他们经济生产的信贷支持。信贷资金的缺失，成为制约贫

---

① 白钦先于 1998 年 5 月在"面向 21 世纪全球金融发展国际讨论"会上，发表题为"以金融资源论为基础的金融可持续发展理论与战略"的演讲，提出金融资源说。金融资源理论的主要内容为："金融是一种资源，是一种社会资源，是一种战略性稀缺资源"。具体而言，金融资源包括如下三个层次：（1）基础性核心金融资源，即货币和货币资金；（2）实体中间金融资源，即金融组织与金融工具及其运行法规、金融人才与金融意识等；（3）整体功能性高层金融资源，即国家掌握的具有垄断性和独立性的金融制度、金融政策等。

困人群改善生产条件、提高生活质量的重要因素。正是在这一背景下，1993 年中国社会科学院农村发展研究所借鉴孟加拉国格莱珉模式成立了首个公益性小额信贷机构，即"扶贫经济合作社"，将其作为一种有效的扶贫方式开启我国公益性小额信贷的发展序幕。公益性小额信贷不仅作为一种扶贫方式，同时也是对农村金融制度的创新，有效地填补了我国农村贫困人群金融服务的空白。

公益性小额信贷自引入后，因其扶贫绩效显著而迎来一个小的发展高峰，即在 2005 年前后机构数量达到 300 多家，但因一直面临着身份定位的法律问题、融资渠道少和自身能力建设问题，这些因素阻碍了公益性小额信贷的可持续发展。随着 2006 年普惠金融概念的提出和我国农村金融创新发展，尤其是互联网金融的出现，公益性小额信贷发展理应迎来新的发展机遇和局面，但现实情况却相反。相较过去而言，公益性小额信贷不仅没有出现机构数量和规模的扩展，反而出现萎缩，机构数量由高峰时期的 300 多家发展到目前的 40 多家，现存的有些机构也面临着可持续发展问题。而与我国情况相反的是，国际小额信贷从 20 世纪 80 年代中后期开始，大部分机构开始从系统边缘迈向正规（陈军、曹远征，2007），实现商业化、正规化发展。

另外与现实情况相一致，在理论界随着普惠金融体系建设的推进，对公益性小额信贷的研究也呈现衰落势态。通过知网搜索主题词"公益性小额信贷"，搜索结果为：2017 年 2 篇、2016 年 5 篇、2015 年 9 篇、2014 年 11 篇、2013 年 9 篇、2012 年 12 篇、2011 年 16 篇，共 64 篇（数据截至 2017 年 5 月 11 日）。

但我国目前现实情况是，农村仍然有 6000 万左右的贫困人群和更多的低收入者，对这些弱势人群提供金融服务既是公益性小额信贷的服务目标，也是我国普惠金融体系的重点服务对象，如何保持公益性小额信贷的初始理念，既为更多的穷人提供信贷服务，同时又能保持公益性小额信贷机构自身的可持续发展，已成为我国公益性小额信贷发展必须要解决的问题。

因此，无论是从理论还是现实我们都不能忽视公益性小额信贷对我国农村金融发展和农村经济社会发展的影响。在这一研究背景下，本书立足于普惠金融体系建设，系统梳理公益性小额信贷的核心制度，分析其社会发展贡献，总结其发展所面临的困境，探讨其发展趋势，尤其试图厘清在普惠金融建设体系框架下公益性小额信贷未来演进方向，对进一步深化我国农村金融体制改革和促进公益性小额信贷可持续发展提供一点有益的参考和借鉴。

二 文献综述

（一）国内研究现状

国内公益性小额信贷的研究视角和主要内容，大体概括如下：

1. 以扶贫的功能视角来考察公益性小额信贷

公益性小额信贷从其产生之初，就与扶贫联系在一起，扶贫是公益性小额信贷最初的主要功能。金融发展理论认为，金融的适度发展是能促进经济增长的，农村之所以贫困，因为他们缺乏信贷支持。小额信贷之父尤努斯（Muhammad Yunus）创立格莱珉银行的最初动力，就是为了借钱给学校附近村里的妇女，让她们早日脱贫，并由此而发展成闻名遐迩的孟加拉国乡村银行。在我国，公益性小额信贷最初也是以一种开发式扶贫方式被引进。1993 年中国社会科学院农村发展研究所引入孟加拉国乡村银行模式，成立了"扶贫经济合作社"。它以扶贫为己任，同时具备金融和社会双重目标。因此，在这一时期大多是对公益性小额信贷的定义、目标、扶贫功能和操作模式进行介绍及研究。这方面的著作主要有《小额信贷：扶贫攻坚成功之路》（杜晓山，1998）、《小额信贷：告别贫困的希望之路》（杜晓山，1999）、《小额信贷原理及运作》（杜晓山、刘文璞，2001）、《小额信贷扶贫研究》（吴国宝，2001）、《论西部扶贫实践中的小额信贷》（谢丽霜，2002）、《中国小额信贷十年》（杜晓山，2005）、《中国公益性小额信贷》（杜晓山等，2008）、《小额信贷对农民收入影响的实证分析》（孙若梅，2008）、《农村非正规金融发展减贫效应的门槛特征与地区差异》（苏静等，2013）、《农村小额信贷对农民增收绩效的实证分析》（方芳，2013）等。

杜晓山对公益性小额信贷的定义为：为低收入人群提供小额度贷

款服务的活动，而且是无抵押的贷款。吴国宝、谢丽霜、孙若梅、苏静、方芳等就公益性小额信贷与农民收入进行了研究，研究结果表明，公益性小额信贷对增加农民收入有明显的效果，是农民脱贫的有效方式。

2. 公益性小额信贷运行的绩效评估

公益性小额信贷无论是从扶贫还是从金融改革视角来看，其存在和发展都离不开机构自身良好的运行绩效，这是公益性小额信贷机构生存和发展的基础，其服务理念和服务目标的实现都有赖于此。在这方面的研究有《中国小额信贷发展研究》（曹子娟，2006）、《正规金融机构小额信贷运行机制及其绩效评价》（李莉莉博士学位论文，2005）、《中国农户金融支持问题研究》（甘少浩、张亦春，2008）、《公益性及商业性小额信贷社会绩效管理比较研究》（杜晓山、孙同权等，2011）等。

曹子娟对公益性小额信贷机构运行的财务指标体系和考核体系进行了描述和分析，是小额信贷实际操作的财务手册。中国人民银行小额信贷专题组对公益性小额信贷的资金来源、风险控制、贷款利率及经营效益进行了解释和规定。李莉莉运用统计方法从金融机构和农户的角度对公益性小额信贷运行效率进行评估。甘少浩借用世界银行的指标体系对不同类型公益性小额信贷的运行绩效作了评估。评价公益性小额信贷绩效的标准主要有两个：运作机构的覆盖力和自我可持续能力。研究表明，公益性小额信贷由于其目标是促进农村社会进步、改善农民生活，在能维持自我发展的同时，其项目运行绩效更加注重这些社会目标的达成。政府主导型的公益性小额信贷项目成功率低，没有自我持续发展能力。此外，中国人民银行小额信贷专题组分别对小额贷款公司 2007 年、2008 年运行的情况做了监测，分析数据表明小额贷款公司运行状况良好。①

① 中国人民银行小额信贷专题组：《试点小额贷款公司 2007 年一季度运行情况》、《试点小额贷款公司 2008 年一季度运营情况》，《小额信贷通讯》2007 年第 4 期和 2008 年第 8 期。

3. 公益性小额信贷机构可持续发展方向研究

近年来，随着我国普惠金融体系建设的推进和农村金融多元化发展势态，尤其是随着农村互联网普及和金融科技手段的运用，农村金融市场出现了一些新现象和新格局。首先，是互联网金融带来的变化，除传统正规金融机构、小额贷款公司以及公益性小额信贷机构外，非银行类机构，如阿里巴巴、京东等也开始涉足农村金融，提供农村金融小额信贷服务，农村金融市场竞争加剧；其次，随着农村家庭收入增长，其信贷需求额度也在不断增长，从以前的几千元信贷需求增长到几万元，以前设置的公益性小额信贷的信贷额度已经不能满足农户的信贷需求。面临环境的变化，公益性小额信贷的发展呈现萎缩现象，由过去的300多家机构发展到目前的40多家，而且大多面临着转型的问题，即公益性小额信贷机构面临选择：一是改制转型为商业性小额贷款公司，实现机构的营利性发展，但服务对象发生漂移①；二是继续保持其扶贫性和公益性，不以利润为追求目标，收益能覆盖成本即可，实现机构可持续发展。理论上也对公益性小额信贷发展现状做出了积极回应，这也是近年来理论界大多聚焦于该研究内容的重要原因。

在这方面的研究主要有《应及早对公益性小额信贷做出制度安排》（杜晓山、孙同全等，2011）、《公益性小额信贷的发展机遇与挑战》（黄季焜，2011）、《小额信贷机构的现状和改革趋势》（巴曙松，2013）、《社会企业：中国公益性小额信贷机构的一个发展方向》（杜晓山等，2013）、《社会企业道路：中国公益性小额信贷组织转制问题初探》（孙同全等，2013）、《论我国公益性小额信贷的发展对策》（马荣华，2015）、《互联网金融背景下的小额信贷发展分析》（严一品，2017）。这些研究指出，当前公益性小额信贷面临的困境主要是

---

① 2008年5月4日，中国银行业监督管理委员会和中国人民银行联合发布《关于小额贷款公司试点的指导意见》（银监发〔2008〕23号），明确小额贷款公司应面向农户和微型企业，按照小额、分散原则发放贷款，同一借款人的贷款余额不得超过小额贷款公司资本净额的5%，但实际情况是，贷款公司单一客户贷款余额达几十万元，甚至高达上千万元或数千万元。

缺乏适宜的法律地位、主体资格不明确、制度性的融资渠道欠缺和自身能力建设亟须提升，呼吁政府尽快出台政策做出制度安排，支持公益性小额信贷发展，同时利用互联网金融技术，拓宽融资渠道和加强自身能力建设，在坚持扶贫功能的同时实现可持续发展。杜晓山还指出，社会企业是我国公益性小额信贷发展的一个方向，孙同全等还就公益性小额信贷转制过程中出现的问题进行了分析。

4. 从农村金融改革历程的视角研究公益性小额信贷

金融发展理论认为，农村经济发展缓慢的一个重要原因是农村金融抑制的结果，农村金融改革能促进农村经济发展。公益性小额信贷从本质上来说是对传统农村金融体制的一种创新和反思，其服务对象定位在农村中的低收入人群和微型企业，孟加拉国乡村银行甚至将其服务对象定义为农村赤贫人群。这部分人群因为缺乏现代信贷体系所需要的有价值的抵押物，因而被排斥在传统农村金融体系服务之外，他们没有机会或很少有机会获得传统金融体系的金融服务，由此导致这部分人群很难改变生存现状，从而影响了农村经济的发展。

农村经济的发展离不开农村金融支持，金融制度设计是为经济发展服务的。交易成本、信息成本、信息不对称等原因使传统农村金融服务体系不适应于农村而致使其支农效果甚小，甚至将农村资金抽走，造成农村地区资金外流严重，农村金融需求服务严重缺乏。在这种状况下，公益性小额信贷是对传统农村金融制度的创新并适合于农村经济实际，尤其是农户的信贷需求，在农村发挥了重要的经济和社会作用，成为农村金融创新的重要缘起。

在这样的背景下，很多研究农村金融的学者将公益性小额信贷纳入农村金融体系研究范围，研究其产生、发展状况、发展前景及其发展困境。在这方面的著作有《中国非政府小额信贷和农村金融》（程恩江、刘西川，2007）、《小额信贷和农村金融》（焦瑾璞、杨骏，2006）、《农村金融学》（王曙光、乔郁，2008）、《农村金融深化与发展评析》（陈军、曹远征，2008）、《农户信贷、农村中小企业融资与农村金融市场》（何广文，2005）等。这些著作研究表明，小额信贷的引入和发展有利于完善农村金融体系结构，增强农村金融市场的竞争力，提高农村金融机构的效率，从而充分发挥农村金融对农村经济发展的支持作用。同时"小额信贷的发展和试点，可望为我国金融市场对民间资本开放，探索出一条风险可控、较为安全的通道"。[①]

除了上述研究外，也有一些对国际小额信贷发展的研究，这些研究希望通过追踪国际小额信贷制度的历史演变及最新动态，讨论国际小额信贷发展的主要模式，归纳国际小额信贷发展的经验和主要问题，为我国小额信贷发展的战略、技术乃至管理问题提供理论准备及实践借鉴（杜晓山，2014）。这方面的研究主要有《小额信贷发展概况国际研究》（杜晓山等，2012），该书从两个层面对国际小额信贷发展概况进行了研究：一是总体层面，回顾国际小额信贷的发展历史和现状，讨论了小额信贷社会绩效的评估指标和发展绩效的影响因素；归纳、比较、分析国际小额信贷发展的主要模式、内部管理制度和发展环境与监管政策，并据此提出推动国际小额信贷发展的政策建议。二是个案层面，对国际比较有名的小额信贷机构及其操作模式进行了具体介绍。

值得一提的是，上述研究基本都是正面地肯定公益性小额信贷的扶贫功能及其运营体系，但近年来一些媒体开始对公益性小额信贷尤其是格莱珉银行模式提出质疑和批判，质疑其扶贫功效，批判其贷款利率高、团体贷款制度等。针对这些质疑和批判，我国"小额信贷之父"杜晓山经过实地考察和调研，写了《尤努斯的穷人银行走入穷途了吗？》[②]，深入剖析了格莱珉银行的信贷模式及产品设计方面的创新，介绍了包括乞丐贷款在内的格莱珉银行的贷款产品，以及格莱珉银行提供的其他扶贫助困服务。该报告回应了社会上对格莱珉银行模式的质疑和批判，论证了格莱珉银行是自始至终不忘初心、不断创新的真正为穷人服务的"穷人银行"，并没有走入"穷途"。该报告还论述了格莱珉银行模式对我国开展普惠金融体系的若干启示：（1）倡导发展社会企业是推动普惠金融发展的需要；（2）发展普惠金融既要

① 焦瑾璞：《小额信贷的主要作用》，《小额信贷通讯》2007 年第 1 期。
② 中国小额信贷联盟网站：http：//www.chinamfi.net/，2017 年 5 月 14 日。

坚持不忘初心，又要创新前进；（3）普惠金融特征之一是要实现保本微利的可持续发展；（4）普惠金融需要政府发挥正确的作用；（5）普惠金融要下苦功解决服务深度不足问题。

（二）国外相关研究

国际上对小额信贷的研究也都集中在小额信贷的扶贫功能和机构的可持续发展上。

日本的松井范淳①主要从公益性小额信贷扶贫效果达成的角度考察了孟加拉国乡村银行和玻利维亚的阳光银行，得出的结论是：从贫困缓和、提高生产力（特别是没有土地的贫困层）的观点来看，公益性小额信贷项目具有很大的期待效果，借贷农户的生活由于利用公益性小额信贷而得到改善的效果是极其明显的。并且，非金融的侧面，如小组一体感的达成、连带责任感、信息共享等，与通常的金融组织、向个人货款的融资机构不同，表现出向贫困层提供和增加融资，发挥着补充资本市场不完全性之外的机能。

还有的研究利用数理统计方法对公益性小额信贷的运行和制度设计进行分析。一种方法是随机控制实验法，按照随机原则分成干预组和控制组，控制组不施加干预，然后比较干预组和控制组的因变量之间的差别。如果结果存在显著差别，就可以归因于干预。另一种方法是自然实验，它利用突发事件、制度或政策变动所引发的外生性变量对偶然效应进行估计，并能给出令人信服的结果。自然实验方法能够较好地纠正自选择、内生性和遗漏变量等造成的偏差。② 这些方法能很好地进行公益性小额信贷机构的风险控制，从而维持其可持续发展。

在印度，Sudhansu 等（2012）面对因大部分小额信贷项目失败而引起的质疑，对印度的小额信贷进行了考察，研究结果发现，无论是政府还是 NGO 都在重构和加强小额信贷，小额信贷在妇女赋权、穷

---

① 松井范淳：《小额信贷的作用及有效性》，中国人民银行《小额信贷扶贫》2008 年第 3 期。

② 参见 Albert Park（朴之水）《国际小额信贷最新研究动向介绍》，载程恩江、刘西川主编《中国非政府小额信贷和农村金融》，浙江大学出版社 2007 年版。

人获得金融服务机会、减贫、农村金融发展、团体互助和微型企业贷款方面都具有积极意义。

小额信贷对穷人的赋权，尤其是妇女的赋权一直是小额信贷领域的一个研究主题，20 世纪 90 年代的研究发现，小额信贷项目一直是发展中国家脱贫和妇女赋权的主要途径。小额信贷不仅是贫困妇女资金获得的渠道，也关乎她们生存、家庭经济状况和在家庭及村里的政治地位和权利（Sudhansu et al.，2012）。

但近年来，国际上出现了对尤努斯信贷模式的质疑和批判，指责其存在剥削、压迫和家长式管理。Lesley Sherratt（2016）通过对孟加拉国和菲律宾等国家的小额信贷业务考察发现，这些指责是存在的，但如何界定这些剥削、压迫和家长式管理至关重要，不能按照传统金融机构的标准来看待公益性小额信贷机构的这些制度和做法。这些标准对公益性小额信贷机构是不公平的，同样对那些被排斥在传统金融机构之外的人也是不公平的。但尽管如此，他还是提出了改进建议，即公益性小额信贷机构能保持为穷人服务的初衷同时又能实现可持续发展。他提出：（1）确定适合的贷款利率至关重要；（2）取消团体联保；（3）直接给有信贷需求的个体放贷，并建立严格的客户保护措施；（4）在贷款用途、职员雇佣上建立清晰的规章制度；（5）注意树立公益性小额信贷机构的整体形象，警惕单个职员行为给机构带来的不良影响。

（三）总结与评价

近年来，随着我国农村金融的多元化发展和普惠金融建设的推进，公益性小额信贷发展呈现衰落势态，机构由高峰时期的 300 多家到目前的 40 多家，与其实践发展相对应，对公益性小额信贷的研究也在逐步减少。

回顾国内外公益性小额信贷研究，发现研究内容基本上是围绕着公益性小额信贷的实践展开的，从其扶贫功能、扶贫绩效、运营绩效到目前的转型和对批评与质疑的回应。也就是说，公益性小额信贷研究具有非常强的实践性和时效性。研究在为实践做注解，同时又为实践发展过程中出现的困境提供指引和参考。按此逻辑，公益性小额信贷今后的研究重点将是其发展的政策环境问题，也是普惠金融体系建设过程中的基础性但重要的部分，对其研究也将融入普惠金融体系研究的内容之中。因此，本书第七章探讨了普惠金融体系下我国公益性小额信贷机构未来发展的方向。

三　研究方法

（一）文献研究法

文献研究法是根据一定的研究目的或课题，通过调查文献来获得资料，从而全面、正确地了解掌握所要研究问题的一种方法。文献研究法被广泛运用于各种学科研究中。其作用有：（1）能了解有关问题的历史和现状，帮助确定研究课题。（2）能形成关于研究对象的一般印象，有助于观察和访问。（3）能得到现实资料的比较资料。（4）有助于了解事物的全貌。本书运用文献研究法，大量地收集有关公益性小额信贷的研究资料，了解其历史发展脉络和现状，以及存在的问题和未来的发展方向。文献研究法不是实地考察，不是从公益性小额信贷项目那里获取研究所需要的资料，而是在已有的文献中收集资料和分析问题，但这是研究的基础。

（二）定性分析法

定性分析法就是对研究对象进行"质"的方面的分析。具体地说是运用归纳和演绎、分析与综合以及抽象与概括等方法，对获得的各种材料进行思维加工，从而能去粗取精、去伪存真、由此及彼、由表及里，达到认识事物本质、揭示内在规律的目的。本书运用定性分析方法，对公益性小额信贷的商业性发展做出了分析。

（三）理论研究与实证研究相结合

在社会科学研究方法中，实践对理论的验证是很重要的环节。公益性小额信贷研究既是理论问题，用于理论指导实践，同时又是实际操作问题，而且一定程度上其操作成效直接关系到公益性小额信贷项目的实施安排和理论发展，因此，实证研究是重要的方法。

（四）定量分析法

在科学研究中，通过定量分析法可以使人们对研究对象的认识进一步精确化，以便更加科学地揭示规律，把握本质，厘清关系，预测事物的发展趋势。本书运用了大量的数据，并对数据进行了统计和分析，用数据辅助文字说明观点，使本书的观点更加客观和公正。

（五）跨学科研究法

运用多学科的理论、方法和成果从整体上对某一课题进行综合研究的方法，也称交叉研究法。科学发展运动的规律表明，科学在高度分化中又高度综合，形成一个统一的整体。公益性小额信贷本身就是一项综合实践，涉及多学科的知识。本书综合经济学、社会学、金融学、管理学等学科理论知识对公益性小额信贷进行了全面的研究，分析了其现状、困境和发展趋势。

四　本书理论框架：金融发展理论

通过资金的有效配置促进经济增长、增加社会财富是现代金融发展的题中之义，也是金融体系对社会经济的主导功能。金融发展理论论述了金融发展与经济增长之间的相互关系，并研究如何建立有效的金融结构和金融政策以尽可能地促进经济增长，其理论分为金融结构论、金融抑制论和金融深化论、金融约束论、内生金融发展理论及金融资源论。

（一）金融结构论

金融结构理论（financial structure theory）最早由美国经济学家雷蒙德·W. 戈德史密斯（Raymond W. Goldsmith）于1969年在其著作《金融结构与金融发展》中首先提出，并对金融发展的过程和规律进行了描述和分析。他将各种金融现象归纳为三个基本方面：金融工具、金融机构和金融结构。金融工具指对其他经济单位的债权凭证和所有权凭证；金融机构即金融中介机构，指资产与负债主要由金融工具组成的企业；金融结构是一国现存的金融工具和金融机构之和。他认为，金融发展的实质是金融结构的变化，研究金融发展就是研究金融结构的变化过程和趋势，用金融相关比率（FIR）来描述金融结构发展的基本特点，即金融上层机构与经济基础结构在规模上的变化关系，而金融结构的变化反映了一国的经济发展水平。

金融结构对经济增长的促进作用主要是通过提供储蓄、提高投资与实现资金的有效配置来实现的，金融结构越发达，金融工具和金融机构提供的选择机会越多，金融活动就越活跃，活跃的金融活动带动储蓄总量的增加和资金使用效率的提升，从而增强金融活动对经济的渗透力，促进经济增长和经济发展。因此，在经济发展过程中，注重金融工具的供给和强调金融机构的正常运行是金融自我发展及促进经济增长的关键和核心，这也是金融发展的内在路径要求。

（二）金融抑制和金融深化论

1973 年美国斯坦福大学经济学教授麦金农（Mckinnon）和肖（Shaw）分别出版自己的著作——《经济发展中的货币和资本》和《经济发展中的金融深化》，通过对发展中国家的金融问题分析，提出金融抑制论（financial repression theroy）和金融深化论。他们认为，经济的发展促进金融发展，是金融发展的前提和基础，同时金融发展是经济发展的动力和手段。麦金农认为，发展中国家存在明显的"金融抑制"，表现为发展中国家的经济结构一般是"割裂"的，即大量的经济单位（企业、住户、政府机构）互相隔绝，他们所面临的生产要素和产品的价格不同，所处的技术条件不同，所得到的资产报酬率不等，没有一种市场机制来使之趋于一致，市场是不完全的。在这个不完全市场里，大量小企业和农户被排斥在有组织的资金市场之外，只能靠自身的内部融资，即一定时期的货币积累，因而放弃了投资的机会，使货币同实质资产从"互补"关系变为"替代"关系。他还认为，发展中国家之所以欠发达，就是因为资金的收益率太低，甚至成为负数。肖的金融深化理论认为，一国金融业是处于金融深化还是金融抑制状况，可以通过金融资产的存量、流量，金融体系的规模、结构，金融资产的价格等来衡量。在金融深化的经济中，金融资产存量的品种范围扩大，期限种类增多，金融资产与国民收入之比或者与有形物质财富之比逐渐上升；金融资产流量较少依赖财政收入和国际资本，而更多地依赖国内储蓄，货币流通速度也降低了；金融体系的规模扩大、机构增加、职能更加专业化，有组织的国内金融机构取得了优势；金融价格中的利率更准确地反映投资替代消费的机会，实际利率较高，利率间的差别趋于缩小，在外汇黑市和远期外汇市场上，本国货币的贴水下降，而金融抑制的情况恰好与上述情况相反。

发展中国家政府对金融体系的过多干预抑制了金融体系的正常发展，金融体系的落后又反过来阻碍了经济的良性发展，降低储蓄的使用效率，减少了劳动力的就业，这些对经济发展不利，长期如此，会导致经济更加落后。政府干预金融体系的常见手段主要是政府对金融政策和金融工具的操作，主要体现在利率的管制上。在利率管制下，发展中国家存在的通货膨胀往往使实际利率为负，负利率损害了储蓄者的利益和积极性，削弱了金融聚集资金的功能，延缓金融体系的发展；同时，在资金资源有效配置上负利率不能体现资金市场价格，从而导致信贷资源配置效率下降，甚至错配，使生产性企业难以扩大再生产，从而影响经济的增长。此外，发展中国家金融干预还体现在对外汇市场的管制上，即高估本国货币的官方汇率并低估外国币值，导致外汇短缺，商品出口受阻，经济增长受阻。

因此，需要进行金融深化、倡导和推行金融自由化，主张政府放弃对金融的过分干预，解除政府的金融抑制，使利率和汇率能充分反映经济发展状况，鼓励储蓄和竞争，并有效地将储蓄转化为投资，并有效控制通货膨胀，同时减少对外国资本的依赖，着力发掘本国资本，推动经济增长。金融深化产生储蓄效应、投资效应、就业效应和收入效应等，从而推动本国经济的发展。

在理论上，强调了金融体制和金融政策在经济发展中的核心地位，在经济和金融理论中第一次把金融业和经济发展紧密地结合起来，克服了传统经济发展理论对金融部门的忽视。同时，金融深化理论分析和批判了主流派的货币理论，包括新古典学派的货币财富观和凯恩斯式的货币财富观，指出他们不符合落后国家的实际情况，并对此进行了修改，使之更适合于分析经济发展状况中的金融问题。摒弃了传统货币理论中关于货币资本和实物资本之间的替代关系，认为货币资本和实物资本之间是互补关系，发展了传统货币理论。同时，因其主张政府减少对金融体系的不必要干预，让市场机制替代政府在金融活动中发挥主导调节作用，通过金融的发展不断地促进经济增长，对发展中国家的金融改革产生了较大影响。在这一理论的影响下，20世纪70年代世界开始掀起了金融深化的浪潮，许多发展中国家纷纷进行金融自由化的政策改革，如韩国、印度尼西亚、泰国等，但大多以失败而告终。

（三）金融约束论

发展中国家金融自由化的失败促使经济学家开始反思和检讨金融深化理论的缺点和总结金融自由化市场失败的原因。斯蒂格利茨、赫尔曼等 1997 年在《金融约束：一个新的分析框架》中提出金融约束理论的分析框架。

麦金农和肖的金融深化论的假设前提为瓦尔拉斯均衡市场，即金融市场是完全竞争的，市场中的信息是完善和公开的，存在一个竞争完全不受任何阻碍和干扰的市场结构，且市场中的主体是理性的，然而在现实中，这种均衡条件是难以成立的，况且，由于经济中存在信息不对称、代理行为、道德风险等，即使在瓦尔拉斯均衡市场条件下，资金资源也难以被有效配置，所以政府的适当干预是十分必要的，政府对金融部门选择性的干预不是阻碍而是有助于金融深化，有助于经济发展。

金融约束与金融抑制完全不同，金融抑制使政府通过压低远低于通货膨胀率的利率，从民间部门攫取租金，而金融约束下，政府部门是在民间部门创造租金。创造租金的目的就是要解决因信息不对称而导致的金融服务供给不足问题，为充分竞争创造条件。为了维持金融部门的租金，政府必须使利率保持在低于竞争均衡市场的水平，并且实行市场准入，甚至对直接竞争加以管制。

金融约束论认为，在经济落后、金融发展程度较低的发展中国家应实施金融约束政策，在宏观经济稳定、通货膨胀率低且可以预测、实际利率为正的环境下，通过对存贷款利率加以控制，对市场准入、市场竞争以及资产替代加以限制等措施，为金融部门和生产部门创造租金，并提高金融体系运行的效率。这里的租金是指超出市场竞争所得的收益部分，这部分收益能减少与信息相关、妨碍完全竞争市场方面的问题。特别是租金诱导金融中介增加在纯粹竞争市场中可能供给不足的产品和服务，还能引导民间部门增加纯粹竞争市场中可能供给不足的商品和服务，促进金融的发展，带动经济增长。尤其是在金融不发达的农村地区，金融约束论想通过政府在金融部门创造租金，促使其在农村地区增设分支机构，提高农村金融服务力度。

金融约束论的政策结果往往不如理论那么简单，要求拥有一个稳定的宏观环境和较低的通货膨胀率，且在执行过程中由于政府的强干预政策，产生官僚寻租和腐败行为等一些负面影响。对于发展中国家而言，金融约束论可以避免金融抑制和金融自由化两个极端，是一种渐进式的改革方式。

（四）内生金融发展理论

内生金融发展理论是论述区域内金融发展与本地区内部因素的关系的理论。

20 世纪 80 年代，很多发展中国家按照麦金农和肖的金融深化理论进行金融改革，但大多失败，并没有出现金融深化理论所主张的那样的结果。因此，有些经济学家开始反思金融深化论，于 20 世纪 90年代提出内生金融发展理论，探讨金融发展的内生根源即形成过程，为什么有的国家形成了有利于经济发展的金融体系，而有的国家则没有。

内生金融发展理论批判地继承并发展了麦金农—肖学派的观点，并克服了麦金农—肖理论及其扩展的缺陷。一方面，他们认同金融发展（包括金融中介体的发展和金融市场的发展两个方面）既对经济增长产生影响又受到经济增长的影响。另一方面，他们使上述观点具体化和规范化了，并挖掘更深层次的问题：金融发展的内生根源是什么？金融体系是如何在经济发展过程中内生形成的？为什么有的国家形成了有利于经济发展的金融体系，而有的国家则没有？

内生金融发展理论将内生增长和内生金融中介体（或金融市场）并入模型，对金融中介体（或金融市场）的内生形成以及金融中介体（或金融市场）与经济增长的关系等问题进行全新的论述。这意味着，金融内生理论已经突破了麦金农—肖框架，特别是在信息经济研究取得重大突破的条件下，他们在模型中考虑了更多与现实颇为接近的因素，如抛开完全竞争的假设，在模型中引入了诸如不确定性、不对称信息和监督成本之类的因素，对金融机构和金融市场的形成做出了规范意义上的解释，从而使他们的政策主张较麦金农—肖学派显得更加符合各国（特别是发展中国家）的实际，同时模型的复杂程度大为提高。

内生金融发展理论经历了从古典内生金融发展理论到现代内生金融发展理论的发展过程。

1. 古典内生金融发展理论

古典内生金融发展理论探讨金融体系自身内部要素是如何影响金融发展的，对此的研究主要体现在以下两个方面：一方面是以阿罗—德布鲁（Arrow – Debreu）模型为基准点的古典内生金融发展理论，主要考察风险管理、交易成本、信息不对称等和金融发展的关系。（1）风险管理与金融发展。金融的一个重要功能就是风险管理和分散功能，金融中介作为"流动性蓄水池"可以有效地降低交易双方的流动性风险。因此，风险管理水平的高低是衡量金融发展程度的一个重要指标，风险管理水平越高，金融发展得越好。（2）交易成本与金融发展。降低交易成本是金融最为核心的功能之一，金融中介机构通过利用借贷两方面的规模经济，从而有利于降低金融交易的技术成本，金融市场在信息获取和传播方面的比较优势也将有利于减少交易成本。因此交易成本越低，金融就会越发达。（3）信息不对称与金融发展。作为投资者联合体的金融中介能够有效地降低信息不对称，金融市场通过对投资者信息的搜寻和披露也有利于缓和信息不对称。金融功能中降低信息不对称的机制越完善，金融发展就会越好。

2. 现代内生金融发展理论

现代内生金融发展理论重视制度在金融发展中的作用，认为制度因素是决定交易成本、风险管理水平以及信息不对称程度的关键因素，强调法律制度、文化传统、利益集团等制度因素与金融发展的关系。（1）法律制度与金融发展。它认为一国的法律制度越完善，对投资者的法律保护越充分，金融市场和金融中介越发达，并且公司治理水平越高。（2）文化习俗与金融发展。它主要强调宗教、语言以及信用在金融发展中的作用。一国的宗教信仰以及语言习惯对债权人权利的法律保护以及法律的执行效率有着显著的影响，从而与金融发展有着密切的联系。信用与金融发展之间有着密切的关联，在市场主体之间存在高信任度的地区，则金融发展水平越高。（3）利益集团与金融发展。小而集中的利益团体在社会经济活动中有着超常的权力，因为这些小规模的、有着共同利益的、容易组织的小利益团体，能够迅速地采取一致行动来影响经济活动。政治因素是决定一国金融活动的关键因素，利益集团的力量往往左右着一国金融的发展。

金融发展的过程，不仅仅是金融总量不断增加和结构不断优化的过程，更应该是制度不断变迁和完善的过程。在中国，影响金融发展的制度因素主要有以下几个方面：

（1）产权制度改革与金融发展。改革开放以来，我国非国有经济成分不断增加，既打破了国有经济的垄断，也有利于社会经济效率的提高。经济的民营化必然会带来金融的发展。一方面，通过产权改革使经济单位拥有独立的财产并掌握真正独立的财产所有权，将产生真正的金融活动，创造真正的信用制度，从而有利于建立完善的金融体系，促进金融的发展。同时，产权改革将充分激励人们有效地利用财产和积极地创造财富，促进社会财富的不断增长，而社会财富的不断增长和财产所有者的不断涌现，必然导致储蓄的不断增长和盈余单位的不断增多，从而会带来金融活动的繁荣。

（2）法律制度的完善与金融发展。大量的跨国实证研究表明，法律制度的完善对金融发展有着关键的作用。随着中国经济的发展，法律制度不断完善，法治化水平不断提高，也必然会带来金融的发展。虽然 Allen、Qian 和 Qian（2002）认为中国的法律体系是不完善的，中国经济的增长主要是由一些非正式部门推动的，但卢峰和姚洋（2004）通过中国的省级数据计量研究发现，在中国金融压抑的条件下，加强法治有助于提高私人部门获得的银行信贷份额，推动银行业的竞争。

（3）改革开放与金融发展。改革开放促进金融发展主要体现在以下两个方面：一是随着改革开放的扩大，必然给国内的金融业带来先进的管理理念及技术，提高金融业的竞争水平，促进金融的发展；二是随着改革开放的扩大，还有助于打破金融利益集团在金融市场中的垄断性地位，从而促进金融的良性发展。

（4）城市化与金融发展。在中国，城市化的扩大将有利于金融的发展。一方面，随着城市化进程的加快，人们对金融的需求也会更加强烈，从而有利于金融的发展；另一方面，在城市化进程中，金融机构的数量会不断增加，金融服务的范围会不断扩大，也会带来金融的发展。

（5）金融的自由化与中国的金融发展。1978 年以来，中国一直推进金融深化的进程，利率和汇率不断放开。金融深化必将推动中国金融的进一步发展。一方面，随着金融的深化，必然会带来金融工具的丰富以及金融市场的扩大；另一方面，金融的深化将带来金融主体活动能力的提高，从而带来金融的发展。

（6）地区收入差距与中国金融发展。地区收入差距通过以下两个渠道影响金融发展：一是随着地区收入差距的扩大，财富集中在少数地区，不仅不利于金融规模的扩大，也不利于金融交易中风险的分散以及效率的提高；二是随着地区收入差距的扩大，容易造成产权保护的削弱，不仅不利于债权人权利的保护，也不利于金融交易的扩大。

另外，中国经济的高速增长也带来金融的发展。改革开放以来，中国经济保持高速的增长，中国逐渐从一个计划经济主导的国家发展成为一个以市场为导向的开放型国家，经济市场化水平在不断提高。而经济总量的增加以及经济市场化的扩大与发展必然会增强微观经济主体的经济活动能力，带来微观经济主体收入水平的提高，从而对金融需求的数量与质量必将不断上升，因而带来金融的发展。

（五）金融资源论

金融资源论是我国学者白钦先于 1998 年首先提出的。他认为：金融是一种资源，是一种集自然资源与社会资源属性为一体的对经济发展具有战略意义的资源；金融资源与社会资源、经济资源同处于一个复杂的巨系统之中，它既是资源配置的对象又是资源配置的手段；金融资源的开发应当符合这个巨系统的协同运行的规律，应当以金融的可持续发展以及金融与经济发展的适应程度为标准。这一理论不仅在横向上拓宽了金融研究的视野，在纵向上也确立了金融可持续发展是金融资源开发、利用的标准，而且把金融放在了社会、经济、历史的大背景中，认为衡量金融效率的标准是其与经济发展的适应程度。可以说，这是一种全面的、立体的、历史研究与前瞻性研究相结合的、金融研究与经济研究相统一的全新的金融观。

这些理论脉络为我们观照公益性小额信贷在我国引进、发展的过程提供一个内在的发展逻辑。20世纪90年代，我国存在大量的贫困人口，传统的补贴式扶贫手段效果不佳，在这个时候，公益性小额信贷作为一种开发式扶贫方式被引入我国，在随后的实践中其扶贫绩效明显，随之得到快速发展。2006年之后，随着农村经济发展和原有金融体系的不足，我国农村金融市场的改革和创新得以推进，政府放宽农村金融市场进入门槛，允许民间资本设立小额贷款公司和村镇银行，要求他们遵循"小且分散"的信贷规则给农村和小微企业提供信贷服务。但实践证明，小额贷款公司和村镇银行的信贷服务目标发生漂移，农户和低收入者群体的信贷需求依然没有得到有效解决。农户正规信贷可获得性只有27.6%，低于全国水平的40.5%（甘犁，2014），民间借贷依然是农村的主要借贷方式（张杰，2015）。综观我国农村金融改革创新历程，不难发现改革都是以政府为主导的外生力量作用下而发生的，并不是从农村经济市场中自发产生的金融主体，他们与农村经济的主体——农户的融合程度不高，因而不能有效地解决农户的信贷需求。而公益性小额信贷经过二十多年的发展，已经很好地融合了农户的金融需求，成为有效满足农户"小而分散"的信贷需求的服务机构，如中国扶贫基金会的中和农信，从财务可持续、项目覆盖度和社会绩效来说都实现了可持续发展，成为当地农民首选的信贷方式，但他们依然面临着身份合法性、融资渠道单一和治理结构问题，如何解决这些问题，尤其是在推进普惠金融体系建设的大环境下，如何推进公益性小额信贷机构发展的问题。

古典内生金融发展理论认为，提高风险管理水平、降低交易成本以及减少信息不对称是促进金融发展的主要因素。但从实质上看，如现代内生金融理论所认为的，制度才是决定金融发展的关键因素，金融发展的过程，不仅是金融总量不断增加和结构不断合理化的过程，更应该是制度不断变迁和完善的过程。因此，未来我国农村金融，尤其是在建设普惠金融体系过程中，应当加强和完善制度建设，将公益性小额信贷也作为一种金融资源纳入正规金融体系，通过信贷资源的配置，促进普惠金融体系发展，同时也提升农村金融对农村经济的促进作用。

五 主要内容及结构

本书大体分为三个部分：第一部分是第一章、第二章，介绍本书的研究背景、国内外研究现状和基本理论框架。其中，第二章具体阐述本书的研究背景，即公益性小额信贷在普惠金融建设框架下的角色定位及发展空间。第二部分包括第三章至第六章的内容，对公益性小额信贷引入的背景、特点，发展历史、核心制度、功能及其可持续发展进行了分析和描述，是其后续发展演进的基础。第三部分为第七章的内容，基于上述分析，结合我国普惠金融建设发展规划，得出结论并指出我国公益性小额信贷未来发展演进的方向。

第一章导论介绍本书的研究背景、国内外研究现状及评价和基本理论框架。公益性小额信贷自 1996 年引入我国后，其扶贫绩效显著，推动了农村金融市场的创新发展，是普惠金融体系的重要组成部分，但其发展由高峰时期的 300 多家到目前的 40 多家，大多机构面临着可持续发展的"瓶颈"。国内对公益性小额信贷的研究主要是围绕两个方面展开：一是公益性小额信贷的实践，从其扶贫功能、扶贫绩效、运营绩效、机构的可持续发展到目前的机构转型及其对某些批评与质疑的回应；二是从农村金融改革和创新的角度研究公益性小额信贷，公益性小额信贷在农村金融市场中发挥了"鲶鱼效应"，激活了农村金融市场，但自身还没有得到清晰的法律定位。国内的研究具有非常强的实践性和时效性。研究在为实践做注解，同时又为实践发展过程中出现的困境提供指引和参考。国际上对小额信贷的研究也都集中于小额信贷的扶贫功能、运作方式和机构的可持续发展上，近年来国际上出现了对尤努斯信贷模式的质疑和批判，指责其存在剥削、压迫和家长式管理，Lesley Sherratt（2016）通过对孟加拉国和菲律宾等国家的小额信贷业务考察并对其进行了回应。总之，目前国内外对公益性小额信贷的研究主要集中于其可持续发展和对其转型的质疑与回应。

第二章分析了公益性小额信贷与普惠金融之间的关系，普惠金融为公益性小额信贷提供了新的发展机遇。为消除贫困，联合国 2005年提出普惠金融的概念，旨在解决金融体系中存在的"金融排斥"，提高所有人尤其是贫困人群的金融可获得性，助力经济发展，消除贫困。普惠金融的发展经历了从公益性小额信贷到微型金融，再到普惠金融的过程，公益性小额信贷是普惠金融的最初形态和基石，普惠金融是一个包含公益性小额信贷在内的多层次金融体系，服务于所有人群。我国 2015 年年底政府出台《推进普惠金融发展规划（2016—2010 年）》，确立了推进普惠金融发展的指导思想、基本原则和发展目标。目前，在整个世界普惠金融发展的程度上，我国普惠金融体系建设处于初级和融入阶段，其重点内容是为包括贫困人群在内的弱势群体提供金融服务，满足他们的金融服务需求，帮助他们减缓贫困。因此，以贫困人群为主要服务对象的公益性小额信贷在普惠金融体系建设下，应该继续发挥其优势，加速发展。

第三章到第五章对公益性小额信贷的实践、核心制度和功能做了分析。20 世纪 90 年代，我国的扶贫方式以救助式为主，扶贫绩效不太显著。在这种背景下，1993 年中国社会科学院农村发展研究所引进孟加拉国格莱珉银行的小额信贷模式，作为一种开发式扶贫方式，且是对我国农村金融制度的创新和改进，通过适宜农户信贷特点的团体联保制度、动态激励制度和分期还款制度，克服了因农村地域广、分散、缺乏抵押物、信息不对称而容易引发的道德风险和逆向选择风险，实现对农户尤其是贫困农户提供信贷资金，帮助他们发展生产，从而提高收入和实现脱贫。公益性小额信贷实践，是为穷人提供金融服务，不以营利为目的，扶贫是其核心功能，提高了贫困人群的经济收入和社会资本获得，尤其是对农村妇女赋权起到了重要的作用。另外，公益性小额信贷因其制度创新，促进了农村金融市场改革和创新发展。

第六章分析了公益性小额信贷的可持续发展，对可持续发展进行了界定，指出可持续发展包含三个方面的内容：财务可持续、覆盖力和社会绩效。三者是相辅相成，互为支撑。但公益性小额信贷发展中面临着法律环境制约、资金来源模式单一、内部治理机构、财务管理水平低等问题，制约了其可持续发展。国际小额信贷大多通过商业化实现机构的可持续发展，但在商业化过程中，容易发生偏移，降低其社会绩效。如何保持三者是公益性小额信贷可持续发展的关键。我国的中国扶贫基金会下属的中和农信是公益性小额信贷机构发展的一个代表，成功实现了可持续发展过程中的财务可持续、覆盖力和社会绩效。

第七章分析在普惠金融体系下公益性小额信贷的未来演进方向。我国传统农村金融市场体系，以服务于我国工业建设为主，市场供给主体单一且资金以流出为主。农户正规信贷可获得性远低于全国平均水平，只有27.6%，全国水平在40.5%。农村信贷依然以民间借贷为主，占比达65%，农村信贷约束比例为72.6%，没有发挥农村金融对农业经济的促进作用。《推动普惠金融发展规划（2016—2020年）》的提出，修正了农村金融服务体系以服务于我国工业建设为主的逻辑，重点在农村金融市场需求主体的金融可获得性建设上，即"到2020年，建立与全面建成小康社会相适应的普惠金融服务和保障体系，有效提高金融服务可得性，明显增强人民群众对金融服务的获得感，显著提升金融服务满意度，满足人民群众日益增长的金融服务需求，特别是要让小微企业、农民、城镇低收入人群、贫困人群和残疾人、老年人等及时获取价格合理、便捷安全的金融服务，使我国普惠金融发展水平居于国际中上游水平"。

为此，《推动普惠金融发展规划（2016—2020年）》提出："引导各类型机构和组织结合自身特点，找准市场定位，完善机制建设，发挥各自优势，为所有市场主体和广大人民群众提供多层次全覆盖的金融服务。"据此逻辑，在农村金融市场中占有信息成本优势、团体担保优势和交易成本优势，在满足农户和贫困人群金融需求上具有明显优势的公益性小额信贷应该值得重视和发展，在普惠金融建设体系中其法律身份也将得以明确："通过法律法规明确从事扶贫小额信贷业务的组织或机构的定位。"

在机构定位得到国家正式法律法规明确过程中，公益性小额信贷机构应该加强自身可持续发展能力建设，提升机构的影响力和覆盖力。

首先，应该完善管理体制，提升制度绩效，拓展融资渠道，实现财务可持续发展，这是公益性小额信贷机构发展的基础。

其次，在实现机构财务可持续发展的同时，保持服务目标的不漂移。服务于农户和农村贫困人群是公益性小额信贷的初衷，也是其立足的根本和存在的理由。而且，随着农业产业化和农民收入的增加，农村金融市场未来有着广阔的发展空间。在保持其扶贫功能的同时，应逐渐提升并强化其金融功能属性，作为正式金融机构，发挥其金融服务功能才是核心和根本。

最后，充分利用互联网开展业务。在信息时代背景下，利用大数据分析技术，突破传统金融机构依赖金融征信数据的局限，充分利用自身拥有大量农户信贷信息的数据优势，对农户信息进行风险评估和信贷管理，开发适合农户需要的方便快捷的信贷产品，不断取得市场业绩。

第二章 普惠金融与公益性小额信贷

第一节 普惠金融

一 普惠金融

（一）普惠金融的提出

消除贫困是全球发展领域的首要任务，而贫困的原因之一是贫困人口难以享受平等的金融服务。大量的研究证明，贫困人口需要包括储蓄、信贷、保险等在内的一系列金融服务，但他们难以获得传统渠道的金融服务，通常是通过民间非正规途径获得，民间金融存在高风险、高成本、不可持续的问题。因此，联合国在 2005 年小额信贷年会上，为实现"千年发展目标"中的"根除极度贫困和饥饿"目标而提出普惠金融，旨在解决金融体系中存在的金融排斥，即指被排斥在传统金融服务之外，没有获得公平参与发展的机会。普惠金融因将被金融排斥的人群纳入传统金融体系，使他们获得基本金融服务，从而有助于消除社会排斥和金融排斥，提高金融可获得性，促进经济包容性增长和金融稳定（CGAP，2011）。

目前，全球已有 50 多个国家承诺积极推进普惠金融建设，中东、拉丁美洲、非洲、东南亚的一些发展中国家已经取得了积极进展。参与普惠金融的世界组织包括联合国、二十国集团（G20）、世界银行、国际货币基金组织、普惠金融联盟（AFI）及其他研究机构。这些机构积极推进普惠金融构建：一是增强金融服务可获得性，包括推广银行结算账户和开发灵活的金融产品；二是提升金融服务的使用度，包括普及金融教育，提高金融知识水平，改善金融监管框架，推广数字化支付；三是提升金融产品服务质量，包括开展完善的金融消费权益保护，量身定制满足客户需求的金融产品，开发透明、便利、价格合适的金融产品。

（二）普惠金融的服务对象及特点

根据国务院 2015 年 12 月发布的《推进普惠金融发展规划（2016—2020 年）》，普惠金融是指"立足机会平等要求和商业可持续原则，以可负担的成本为有金融服务需求的各社会阶层和群体提供适当、有效的金融服务"。小微企业、农民、城镇低收入人群、贫困人群、残疾人、老年人等特殊群体是当前我国普惠金融重点服务对象。无论是从普惠金融概念正式提出的背景和目的来看，还是从我国正式文件对普惠金融的理解来看，普惠金融的主要功能就是减贫，通过对那些没有获得传统金融服务的人群提供适当、有效的金融服务，帮助他们提高收入，实现脱贫，因此，普惠金融的重点服务对象应该是那些被传统金融体系排斥在金融服务范围之外的弱势群体，包括赤贫者、极贫者、贫困者、脆弱的非贫困者和一般收入者（焦瑾璞、王爱俭，2015）。

普惠金融有别于传统金融，强调构建一个包容性的金融服务体系，摒弃传统金融服务的不公和歧视，实现让每个经济主体纳入金融服务范畴，让所有阶层和群体都能获得适当、有效的金融服务需求。

普惠金融将服务对象聚焦于被传统金融排斥在外的人群，强调了每一个经济主体获得金融服务的平等权，体现了经济正义性，正如孟加拉国乡村银行创建者、诺贝尔和平奖获得者尤努斯所言，金融权利是人权的重要组成部分。普惠金融的应有之义，即是确保社会各阶层的人们都能享受到现代金融服务。

从普惠金融的概念和服务对象的重点强调上可以看出，普惠金融蕴含着公平性、多元性、丰富性和政策性的特点。

1. 公平性

经济正义论认为，经济效率并不是经济制度唯一的评价指标，经济制度的正当性不仅应该从其经济有效性来评价，同样也应该考察其经济道德伦理的正当合理性，凸显经济社会的可持续发展和人文价值的统一。普惠金融要求以可负担的成本为有金融服务需求的各社会阶层和群体提供适当、有效的金融服务，要求服务对象的全部涵盖和各主体金融服务可获得性上的一致性，体现了经济制度的正义伦理性。

2. 多元性

普惠金融服务的对象是多元的，服务对象包括富裕人群、一般收入者、脆弱的非贫困人群以及贫困人群，同时提供普惠金融服务的机构也是多元的，包括传统金融机构，如商业性金融、政策性金融和合作性金融，以及非传统金融组织，如金融组织。

3. 丰富性

普惠金融服务对象的不同，必然有着不同的金融服务需求，因此，其金融服务产品和类别也是多样的、丰富的，包括信贷、保险、储蓄、转账、汇款、抵押等全功能、多层次的金融服务。

4. 政策性

资本的逐利性决定了资金不会自动地流向弱势群体，因此普惠金融整体规划、制度规范、金融基础建设等方面需要政府发挥统筹安排的作用，制定顶层设计，这些工作是其他经济主体不可替代的也不会替代的。《推进普惠金融发展规划（2016—2020年）》也强调"更好发挥政府在统筹规划、组织协调、均衡布局、政策扶持等方面的引导作用"，"从促进我国经济社会发展、城乡和区域平衡出发，加强顶层设计、统筹协调"。国际普惠金融发展实践也表明，没有各国政府的参与和推动，普惠金融的建设将不会自下而上地完成。

（三）普惠金融的发展状况

世界银行 Findex 数据显示[①]，目前世界上 62% 的成人拥有银行账号，只有 20% 的人没有银行账号，约 2 亿人。发展中国家拥有银行账户的人约 1.3 亿。对 143 个主权国家的最新调查表明，67% 的银行监

---

① Demirguc - Kunt Asli, Klapper Leora, Singer Dorothe, Van Oudheusden Peter, *The Global Findex Database* 2014：*Measuring Financial Inclusion Around the World*, Policy Research Working Paper, the World Bank, 2015/04/15, p. 3.

管当局在强力推进普惠金融。一些国际机构，如 G20 与世界银行，也开始采取措施推进普惠金融发展。近些年来，超过 50 个国家制定目标，大力推进普惠金融发展。①

关于普惠金融的发展路径，星焱（2016）概括为内生式和外生式普惠金融发展路径。内生式普惠金融发展路径是指在市场经济背景下，提供普惠金融服务的机构和产品由市场自身决定的发展模式。外生式普惠金融发展路径是指计划力量完全主导普惠金融的发展模式。从世界范围来看，普惠金融体系的发展大多是内生式与外生式发展相结合，尤其需要政府的积极参与和主导。如我国台湾地区，经历半个世纪的发展，针对农村地区经济发展落后、城市中低收入、贫困者和中小企业融资难问题，积极发展农村金融和中小额信贷事业部，逐渐形成了以农村金融体系、个人信贷和中小企业发展贷款为主要组成部分的相对完善的普惠金融体系。在这一过程中，政府积极主导，立法先行，建立了较为完善的法律法规体系，保障普惠体系的正常运行。

国际上，普惠金融体系主要有以下五种模式（焦瑾璞，2015）：

1. 以小额信贷为途径的孟加拉国普惠金融模式

孟加拉国的尤努斯创建了无抵押小额信贷的格莱珉银行模式，格莱珉银行秉承福利性和财务可持续发展的理念，为贫困人群提供信贷服务。经过 30 多年的发展，取得了巨大的社会效益和经济效益，成为孟加拉国普惠金融的实践途径。孟加拉国政府也大力支持普惠金融机构发展，孟加拉国政府 1983 年专门制定了《乡村银行法》，将格莱珉银行认定为合法的民间金融机构，定位为非吸收存款的金融机构，在法律上允许其发放贷款，并为格莱珉银行提供资金和税收优惠。

2. 以政府为主导的墨西哥普惠金融模式

墨西哥政府通过一些措施，积极推动普惠金融体系建设和发展：一是对普惠金融进行顶层设计，将普惠金融纳入政府和中央银行的职能范围。确定普惠金融发展目标，制定了一系列普惠金融量化测量指

---

① 参见张承惠、郑醒尘等编著《中国农村金融发展报告（2015）》，中国发展出版社 2016 年版，第 37 页。

标，建立公共数据库，定期发布普惠金融报告。2005年墨西哥政府制订了《2007—2012年国家发展规划》和《2008—2012年国家发展融资计划》，从国家金融体系发展的层面，进一步推进银行体系改革，要求银行率先为民众提供多元化的金融服务，并设立了在2020年前实现普惠金融的国家目标。二是制定全面的扶持政策，并加强金融基础设施建设，推动银行体系改革，要求商业银行率先提供小微金融服务，提高贫困地区金融服务的可获得性。三是政府允许普惠金融机构以商业化形式运作，鼓励他们通过上市筹集资金，此举推动小额信贷机构迅速扩张，但因商业化运作，利率高且服务对象发生漂移。

3. 以代理银行为核心模式的巴西普惠金融模式

巴西充分利用各类零售商业银行网点作为代理银行，将大量小额账户的存贷款、交易业务分担给各地代理银行，降低金融服务成本、解决银行柜台业务量过于集中问题的同时，增强了低收入群体的金融服务可获得性，填补农村和边远贫困地区金融服务空白。

4. 以手机银行为主要媒介的肯尼亚普惠金融模式

肯尼亚利用国内手机普及率远高于银行账户的优势，借助手机银行，为边远农村地区的人群提供效率高、成本低、操作简单的移动金融服务，同时政府制定了宽松、自主性强的监管政策，推动移动支付业务发展。

5. 以保护金融消费者为主要目标的秘鲁普惠金融模式

秘鲁从国家层面制定了全面、统一的小微金融法律规范和监管标准，规范小微金融发展，保护金融消费者权益。

除了上述普惠金融模式，美国的社区银行模式也比较突出。美国的社区银行主要以贫穷社区居民和中小企业为主要客户群体，按照市场化原则自主创立，在城乡一定的人群居住范围内运作，并为当地居民或中小企业提供方便且成本较低的金融服务。美国社区银行的主要特点有：一是资产规模较小，组织层级相对简单，经营机制较为灵活；二是以社区为主体，对社区居民及中小企业较为熟悉，降低了因信息不对称而产生的风险；三是经营资本呈现多元化特点，主要来源于社区中居民和中小企业存款，其中资本金来源有法人投资也有自然人投资，有国有资本也有民营资本投资。

从上述国家的普惠金融发展模式来看，普惠金融的发展呈现供给主体多元化、服务方式多样化和服务需求扩大化的趋势，越来越多的政府正在引入各种措施，推动普惠金融发展，改善金融服务的可获得性和使用率。

近年来，我国政府加快普惠金融推进步伐。2015 年 12 月，国务院印发的《推进普惠金融发展规划（2016—2020 年）》，是我国首个发展普惠金融的国家级战略规划，确立了推进普惠金融发展的指导思想、基本原则和发展目标，规划到 2020 年我国普惠金融发展水平居于国际中上游水平。目前，据学者马彧菲、杜朝运（2016）构建的普惠金融指数评价体系[①]，我国普惠金融体系建设在国际上排名靠前，位列第三（见表 2 - 1）。这个排名主要包括发展中国家，在整个世界普惠金融发展程度上来说，我国的普惠金融仍然处于发展的初期和融入阶段（杜晓山，2016），且呈现出区域发展差距较大的局面，即东部发展程度远高于中西部地区，尤其是西部普惠金融发展程度最低，也是最需要发展普惠金融的地方。此外，我国普惠金融体系构建过程中，新型金融表现比较突出和活跃。据易观智库发布的《中国普惠金融专题研究报告（2016）》[②]，我国普惠金融发展呈现的特点表现为：新型金融服务补充传统金融不足，成为普惠金融未来发展的路径；金融创新模式日益多元化，推动普惠金融深化发展；网络普及率提升、电子支付，推动普惠金融覆盖力度上升。

表 2 - 1　　37 个国家或地区 2008—2013 年普惠金融指数排名

国家或地区	2008 年	2009 年	2010 年	2011 年	2012 年	2013 年
瑞士	1	1	1	1	1	1
韩国	2	2	2	2	2	2

---

① 马彧菲、杜朝运：《普惠金融指数的构建及国际考察》，《国际经贸探索》2016 年第 1 期。

② 易观智库：www.analysys.cn，2016 年 9 月 7 日。

续表

国家或地区	2008 年	2009 年	2010 年	2011 年	2012 年	2013 年
中国大陆	4	3	3	3	3	3
中国澳门	3	4	6	6	5	4
马来西亚	6	5	4	4	4	3
比利时	5	6	5	5	6	6
泰国	7	8	8	7	7	7
摩洛哥	11	10	10	9	8	8
土耳其	20	20	19	16	15	9
波斯尼亚	12	11	11	11	10	10
科索沃	10	9	9	10	9	11
捷克	14	13	13	12	13	12
拉脱维亚	8	7	7	8	11	13
俄罗斯	23	21	15	14	12	14
马其顿	15	15	12	13	14	15
智力	17	18	21	18	16	16
密克罗尼西亚	18	19	20	20	18	17
蒙古国	31	31	30	23	23	18
孟加拉国	29	27	22	22	21	19
匈牙利	16	17	18	15	19	20
印度	25	25	24	24	24	21
安哥拉	19	14	16	17	17	22
汤加	9	12	14	21	22	23
委内瑞拉	36	35	35	34	32	24
斐济	27	24	25	27	26	25
纳米比亚	30	28	27	26	28	26
墨西哥	22	22	23	25	25	27
萨尔瓦多	13	16	17	19	20	28
西岸和加沙	26	23	26	28	27	29
格鲁吉亚	24	29	29	29	29	30
埃及	21	26	28	30	30	31
哥伦比亚	32	33	32	32	33	32
乌兹别克斯坦	34	34	33	33	34	33
布隆迪	28	30	31	31	31	34
尼日利亚	33	32	36	36	36	35

续表

国家或地区	2008 年	2009 年	2010 年	2011 年	2012 年	2013 年
马达加斯加	35	36	34	35	35	36
伊拉克	37	37	37	37	37	37

二　发展普惠金融对减贫的现实意义

金融发展理论认为，适当的金融发展能促进经济增长。通过金融发展促进经济增长，贫困人群通过分享经济增长的"涓滴效应"间接受益于经济增长，进而减缓贫困。金融抑制论和金融深化论认为，发展中国家经济欠发达的主要原因是金融抑制（麦金农，1973），金融深化带动储蓄效应、投资效应、就业效应和收入效应，促进经济增长（肖，1973）。近年来，包容性经济增长成为全球经济发展的主要发展目标，它强调经济社会和谐发展、公平合理地分享经济成果，并侧重于对弱势群体的保护。普惠金融体系就是将那些被金融排斥的人群纳入传统金融服务体系，使他们获得基本金融服务从而有助于消除社会排斥和金融排斥，提高金融可获得性，促进经济包容性增长和金融稳定（CGAP，2011）。发展普惠金融体系有利于提高低收入人群经济收入、提升全社会人力资本、服务实体经济和改善经济发展环境，从而进一步促进经济增长，实现减贫。发展中国家在普惠金融体系建设中受益，主要表现在：

（1）建立多层次功能体系的金融服务体系，为所有社会成员提供平等的信贷机会，尤其是那些穷人和弱势群体，可以增加他们的发展机会，提升他们的经济发展绩效，也能提升他们对于经济冲击的防护能力。

（2）发展普惠金融体系，为中小企业提供适当、有效的金融服务，增强他们的经营能力，增加社会财富，同时提供更多的就业机会。

（3）通过为穷人和弱势群体提供金融服务机会，促使金融机构进行金融创新，激发金融机构的创新能力和降低交易成本，推动金融机构的创新发展。

我国是发展中国家，到 2020 年消除绝对贫困是我们的国家战略，扶贫仍然是一项艰巨任务。截至 2016 年年底，我国仍有 6000 万左右的贫困人口[①]，他们大多是农村和城市的贫困和低收入的群体，这部分人群基本上是被传统金融排斥的对象，没有享受到应有的金融服务是他们贫困的原因之一。

近年来，金融科技的发展和国家对非金融机构的金融服务有所放开，但小微企业和农户借款难的问题没有被充分有效解决。互联网金融为大众提供了更便捷服务渠道的同时，但仍然难以克服农村地区"最后一公里"的障碍；虽然小额贷款公司蓬勃发展，但其金融服务目标依然偏重于有钱人，其金融服务模式并没有跳出传统金融服务框架。因此，发展普惠金融，加强农村金融基础设施建设，增强农村金融服务供给主体和金融服务制度建设，为农户、小微企业和贫困人群提供适当、有效的金融服务，是获得平等的发展机会，提升经济收入，提高生活水平和改善生存状态，解决贫困问题的重要方式，也是提倡和发展普惠金融的根本目标之所在。国际上，孟加拉国格莱珉银行、印度农村银行的普惠金融实践也早已证明，普惠金融对于减缓贫困具有积极效应。研究发现，印度农村银行分支机构每增加 1%，可以减少贫困率 0.34%，增加产出 0.55%。[②]

第二节　普惠金融与公益性小额信贷

公益性小额信贷一般指的是通过向低收入家庭或个体经营者提供小额的信用贷款、相关金融培训及其他社会服务活动，从而帮助贫困

---

① 根据国务院扶贫办官员公开讲话数据整理。截至 2015 年年底，按照年人均收入 2300 元人民币（2010 年不变价）的农村扶贫标准计算，当前中国有 14 个集中连片特殊困难地区，832 个贫困县，12.8 万个贫困村仍有 7000 多万贫困人口。2016 年根据扶贫办官方文件，全年脱贫 1000 多万。

② 焦瑾璞：《发展普惠金融》，2014 年 4 月 22 日在由上海市金融服务办公室、新民晚报社共同启动的"上海金融大讲坛"上的主旨演讲，上海金融新闻网，2014 年 4 月 22 日，http：//www. shfinancialnews. wm.

者增加收入、摆脱贫困，其功能包括金融和社会双重属性。公益性小额信贷为那些因无抵押物而被传统金融排斥在外的贫困人群提供了难得的信贷机会，而成为普惠金融发展过程中的最早形态。普惠金融是公益性小额信贷的延伸，公益性小额信贷也是普惠金融的重要组成部分和基础。

一　普惠金融发展的历程：公益性小额信贷—微型金融—普惠金融

普惠金融概念由联合国 2005 年提出，但其实践早已存在，且历史悠久。

西方许多国家的政府及宗教社会团体长期以来一直在探索为贫困者扩展提供金融服务的渠道。早在几个世纪前，一些类似于储蓄信贷机构的组织就在世界各地经营着微型金融业务。18 世纪初，正式的储蓄信贷机构出现，其中成立最早、寿命最长的爱尔兰贷款基金（the Irish Loan Fund System）体系，他们专门向农村穷人提供无抵押小额贷款。到 19 世纪 40 年代，该体系下的 300 多家基金会遍布爱尔兰，巅峰时期其客户每年覆盖 20% 的爱尔兰家庭成员。

19 世纪开始，欧洲出现了更大、更正式的储蓄信贷机构，如人民银行、信用社和储蓄信贷合作社。德国人弗雷德里希·威廉·赖夫艾森及其支持者提出并发展了信用社的理念，旨在消除穷人对放贷者的依赖并提高穷人的福利。从 1870 年开始，信用社在莱茵省和联邦德国的其他地区扩散开来，并迅速传播到世界各地。

在印度尼西亚，印度尼西亚人民信贷银行于 1895 年成立，至今已成长为拥有 9000 余个分支机构的全印度尼西亚最大的微型金融机构。

20 世纪早期，拉丁美洲的农村出现了一些新的微型金融机构。这些农村金融中介的职能主要为助力农业部门的现代化，通过利用闲置资金和信贷投入以帮助农村部门实现商业化。这些银行通常由政府机构或私人银行主导，效率并不高。

20 世纪 50—70 年代，政府和捐助者将重点放在以优惠利率向农民提供小额农业贷款来帮助他们提高生产力和增加收入。但实践表明，这种模式的效果并不理想。低利率和低还款率给放贷的金融机构造成了损失，且资金常常流向那些具有一定社会地位和关系的农民，而不是那些最需要帮助的贫民手中，以致这类贷款项目大多以失败而告终。

20世纪70年代，现代公益性小额信贷在孟加拉国、巴西等国开始出现，向贫穷妇女发放微小贷款以支持她们经营微小企业，如拉美的国际小型借贷组织/行动国际、印度的妇女自我雇佣协会（the Self-Employed Women's Association，SEWA）和孟加拉国的格莱珉银行等，这类公益性小额信贷通常要求借款人结成小组连带担保，注重为营利性活动提供资金支持，贷款对象通常为赤贫人口，且以女性为主。

20世纪80年代，有明确对象和补贴性的农村信贷政策进入缓慢发展时期，而全球公益性小额信贷项目蓬勃发展。实践表明，绝大多数国家的穷人还款率非常高，甚至高于传统金融部门，这消除了长期以来社会上广泛存在的认为穷人缺乏还款意愿的偏见。同时，这些经验还表明，穷人愿意并且能够支付足以覆盖微型金融机构成本的利率。80年代中期，印度尼西亚BRI银行的乡村银行单元诞生，成为当时发展中国家最大的由国家控股的微型金融机构。

20世纪90年代，微型金融开始探索商业化发展道路，即微型金融兼顾商业目标和社会目标的可能性，突破了微型金融的发展"瓶颈"，许多国家的微型金融机构开始发展壮大，种类也逐渐多元化。在概念上，"微型金融"也逐渐取代了"小额信贷"，在业务范围上不再局限于信贷，同时将储蓄、保险等其他金融服务也纳入微型金融服务范畴。

进入21世纪，微型金融迎来发展的春天。联合国将2005年定为"国际小额信贷年"，并将微型金融看成是实现千年发展目标的关键。2006年，孟加拉国著名小额信贷创始人尤努斯获得诺贝尔和平奖，对小额信贷全球化发展起到了重要的推动作用和示范性。[①]

---

① 参见《小额信贷在中国》编委会编著《国际实践中的小额信贷》，中国财政经济出版社2013年版。

　　普惠金融发展经历了公益性小额信贷—微型金融—普惠金融，在实践中其服务对象不断扩大，服务内容不断丰富，服务体系不断完善。公益性小额信贷的实践发展为普惠金融理念的形成提供了主要素材，普惠金融借助于公益性小额信贷的实践和发展逐渐丰富自己，并进一步推动国际小额信贷的深入发展。

　　二　公益性小额信贷：普惠金融的基石

　　根据我国《普惠金融发展规划（2016—2020 年）》，到 2020 年，建立与全面建成小康社会相适应的普惠金融服务和保障体系，有效提高金融服务可获得性。其中特别强调了"要让小微企业、农民、城镇低收入人群、贫困人群和残疾人、老年人等及时获取价格合理、便捷安全的金融服务，提升金融服务可获得性"。这也说明，在我国普惠金融体系构建过程中，为这些人群提供金融服务是其核心和关键。因此，普惠金融是以公益性小额信贷为核心，同时涉及微型金融及其他正规金融组织（见图 2－1），强调金融组织的多样性和分层性，并对应于不同的服务客体和金融需求，将所有的人纳入金融服务范围，尤其是那些被传统金融排斥的、缺乏传统抵押物的贫困人群及其他弱势群体，形成一个包容性的金融服务体系，促进金融业可持续均衡发展，推动大众创业、万众创新，助推经济发展方式转型升级，增进社会公平和社会和谐。

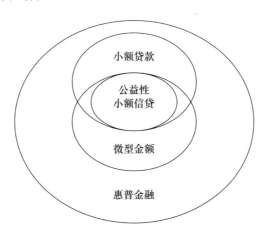

图 2－1　公益性小额信贷与普惠金融体系

我国近年来随着新技术特别是互联网金融的出现，普惠金融取得了巨大发展，但依然处于发展初期和融入期（杜晓山，2016）。整体而言，农村金融基础薄弱、普惠程度低的现状仍然没有得到根本改善，农村金融相关的配套政策不完善，投资环境、信用环境、司法环境和公共基础设施等建设还基本没有到位。农村抵押品少导致金融业务低效率和高风险，致使金融机构服务农村的内生动力不足，农村地区"贷款难、难贷款"的问题依然没有解决，农村金融服务的深度和广度不够。据《中国农村家庭金融发展报告（2014）》① 调查显示，农村正规信贷需求十分旺盛，有借贷需求的家庭比例达到 19.6%。其中，低收入农业家庭有农业生产信贷需求的比例达到 52%。农村家庭的正规信贷可获得性约为 27.6%，低于 40.5% 的全国平均水平。此外，该报告数据还显示，农村家庭的金融服务意识和金融知识比较缺乏。在未能获得银行贷款的 72.4% 的农村家庭中，有 62.7% 的农村家庭虽然需要资金但是没有到银行申请，只有 9.8% 的家庭向银行提出申请贷款但是被银行拒绝。农村家庭金融知识水平仅为 29.4%，低于我国家庭整体水平（42.0%），低于我国城市家庭水平（51.4%），更是远远低于国际上金融发达国家，如美国为 75.3%，荷兰为 78.8%。

目前，我国正处于普惠金融体系建设初期，农村人群尤其是农村低收入和贫困人群的金融服务供给主体依然是公益性小额信贷。我国典型的公益性小额信贷机构中和农信，截至 2017 年 1 月底，其业务覆盖了全国 18 个省的 237 个县，其中 81% 为国家级、省级贫困县。② 另一家典型的公益性小额信贷机构赤峰昭乌达妇女可持续发展协会，以贫困地区农牧区妇女为重点扶持对象，截至 2014 年年底，其业务已经覆盖 4 个国家级贫困县、15 个贫困乡、82 个贫困村，累计放款 5190.8 万元，贷款客户 100% 为妇女。③ 因此，在普惠金融体系构建的框架下，公益性小额信贷应该继续发挥其服务于农村、服务于贫困人群的优势，加速发展。

---

① 甘犁等：《中国农村家庭金融发展报告（2014）》，西南财经大学出版社 2014 年版。
② 参见中和农信公司网站：http://www.cfpamf.org.cn。
③ 参见张承惠、郑醒尘等编著《中国农村金融发展报告（2015）》，中国发展出版社 2016 年版，第 191 页。

第三章　公益性小额信贷实践

第一节　概念界定

一　公益性小额信贷概念

"小额信贷"一词由英文单词"microcredit"翻译而来，指的是面向微型企业、低收入人群提供额度较小的持续信贷服务的一种金融服务模式。这一概念包含两个层面的基本内涵：一是为大量低收入（包括贫困）人口提供金融服务；二是保证小额信贷机构自身的生存与发展。国际小额信贷一直强调小额信贷的减贫作用和自身可持续发展的融合，这也是小额信贷存在和发展的基础。

在我国，公益性小额信贷是相对于商业性小额信贷（即小额贷款公司类型的小额信贷）而言，指以扶贫为宗旨，以创新的金融理念、制度、手段，开展服务于弱势群体的信贷服务方式，组织形式多种多样，有政府部门，有半政府组织，也有特征明显的非政府组织。他们为穷困人群提供小额度的信贷服务，帮助他们发展生产，摆脱贫困，同时维护机构的可持续性发展，不以营利为目的。由于目标不同，公益性小额信贷与商业性小额信贷组织机构形式和服务对象的侧重点不同。中国人民银行小额信贷专题组对公益性小额信贷组织的描述为：公益性小额信贷组织是独立的非营利性法人，依照章程从事公益性活动，其公益性体现在融资服务具有某种程度上的社区性和扶贫性，这类机构不需要缴纳税费，并享受一定的政府补贴。[①] 不同的服务目标

---

① 中国人民银行小额信贷专题组：《小额信贷的基本概念》，载《2006 年小额信贷通讯合集》，中国财政经济出版社 2007 年版。

和发展使命，决定了公益性小额信贷与商业性小额信贷的分野。

对公益性小额信贷的定义和认识是随着小额信贷实践的发展而不断深入的。世界银行将小额信贷定义为：微型金融是为贫困人口提供的贷款、储蓄和其他基本的金融服务（这里指的是一整套金融服务）。① 小额信贷的创始人尤努斯强调小额信贷的基本要求：我们坚持我们项目的重点，集中在帮助最贫困者和妇女，长期目标是机构的生存和发展。他向世界宣告：贷款不只是生意，如同食物一样，贷款是一种人权。他期望保证每一个穷人有机会去承担责任，并恢复他或她自己作为人的尊严。②

在我国，公益性小额信贷最初引入主要是借用其扶贫效果，是作为一种扶贫工具而被介绍和实践的。因此，在公益性小额信贷发展初期，公益性小额信贷被定义为专门向中低收入阶层提供小额度的持续的信贷服务活动，以贫困或中低收入群体为特定目标客户，并为他们提供适宜的金融产品服务，这也是公益性小额信贷区别于传统金融服务和传统扶贫项目的本质特征。③

公益性小额信贷发展比较成功的中国扶贫基金会下属的中和农信，将公益性小额信贷定义为：为那些无法从传统金融机构获得贷款的穷人（尤其是妇女）提供信贷支持。旗帜鲜明地提出，公益性小额信贷为真正的穷人提供资金支持，是为了提高穷人的自立和自我发展能力，同时实现项目操作机构的可持续发展。④

其他以扶贫攻坚为宗旨、国家扶贫贴息贷款为主要资金来源的政府型公益性小额信贷扶贫项目，其服务对象也都强调是贫困人群，为这部分人群提供信贷服务是他们的定位。有些外援项目和中国社会科学院扶贫经济合作社项目甚至强调以贫困妇女为主要目标群体，为他

---

① 当考虑到公益性小额信贷自身的可持续并作为一种制度存在时，便出现了微型金融的概念和公益性小额信贷服务内容的延伸。

② 杜晓山摘译：《尤诺斯教授谈小额信贷的基本要求》，《小额信贷扶贫》1998 年第 4 期。

③ 杜晓山、孙若梅：《小额信贷基本内涵的界定》，《小额信贷扶贫》1997 年第 1 期。

④ 中国扶贫基金会网站：http://www.cfpa.org.cn。

们提供金融支持。

随着公益性小额信贷实践在中国的发展，农村传统金融机构全面介入小额信贷和各项项目进入制度化建设阶段，公益性小额信贷不仅强调以贫困人群为服务目标，也追求信贷机构自身的可持续发展，同时将服务客户的群体范围扩大到微型企业和城市贫困人口。

总而言之，公益性小额信贷是为穷人提供信贷服务的一种非传统金融安排，既区别于传统金融服务，又不同于传统的扶贫方式，具有其内在的基本要素：

第一，在服务对象上，公益性小额信贷服务对象主要是农村地区的中低收入人群，甚至是贫困人群。这部分人群有着希望通过获得信贷支持改善生存状况的强烈愿望，但由于其贷款额度小、风险大、信息不对称等原因，他们很难从传统金融机构获得商业性贷款，处于信贷市场的边缘。公益性小额信贷的出现弥补了传统金融服务的空白，使农村中低收入人群也可以获得基本的信贷服务。

第二，在供给主体上，公益性小额信贷组织是独立的非营利性法人，即社会企业类别，依照章程从事公益性活动，其公益性体现在融资服务具有某种程度上的社区性和扶贫性，这类机构可以不缴纳税费，并享受一定的政府补贴。

第三，在贷款额度上，公益性小额信贷的额度小而分散。一般而言，单个客户的贷款额度低于50000元。当然，小额贷款的额度也是根据客户的不同而变化的，新客户的额度比较低，老客户如果信誉良好，其贷款额度则高一些。

第四，在贷款目标上，公益性小额信贷产生的初衷就是为那些没有得到信贷支持而又有资金需求的低收入人群提供信贷服务，以帮助他们发展生产，提高收入，摆脱贫困。因此，公益性小额信贷从产生之初，扶贫就是它的一项主要目标，只是后来随着公益性小额信贷的发展，可持续性作为公益性小额信贷机构的一个目标被提出和重视。对于公益性小额信贷机构来说，可持续性则指公益性小额信贷组织从所提供的信贷服务活动中所获得的收入可以覆盖其运营成本和资金成本，从而可以独立生存并不断发展壮大。可持续性对于公益性小额信贷机构来说具有重要的意义,公益性小额信贷组织如不能获得持续发展,就无法持续地为贫困人群提供信贷服务。

第五,在贷款期限和偿还方式上,公益性小额信贷的贷款期限一般在一年之内,最长不超过三年,通常采取整贷零还的偿还方式。整贷零还的方式减轻了客户的还款压力从而规避了还贷风险,还有助于帮助客户培养理财意识。

二 公益性小额信贷的社会性

公益性小额信贷不但具有金融性,还具有较强的社会性,杜晓山(2008)将其概括为:

(一) 有明确的社会目标

公益性小额信贷都有着明确的社会目标,以扶贫为主,而不是以追求商业利益为目的,被誉为"真扶贫,扶真贫"。公益性小额信贷组织都设计了服务的目标群体,如扶持贫困户,有的组织明确将妇女作为主要对象,有的还关注信贷社区的综合发展。这些社会目标是公益性小额信贷产生的最初动力,正如小额信贷创始人尤努斯设立格莱珉乡村银行的最初原因乃是帮助村子里的妇女不受压迫地自我生产和自我积累,从而改善生存状况,摆脱贫困。

(二) 贷款与社会服务相结合

由于公益性小额信贷的社会目标定位为扶贫,扶贫是一个综合工程,因此在提供信贷服务的同时,还兼具其他社会服务的功能,如重视对穷人的培训和技术支持,改善妇女的地位和经济状况,提高农民组织程度和自我管理能力,普及生产技术,变输血式扶贫为造血式扶贫。通过这些非金融服务,能更好地帮助贫困人群提高信贷资金的效率,同时也能保证信贷资金的回笼,提高项目的成功率。

(三) 重视客户的参与

公益性小额信贷由于其对社会目标的追求,其与信贷客户的关系不只是单纯的信贷关系,同时还通过各种方式将信贷客户纳入整个信贷服务过程,重视信贷客户的参与。如孟加拉国乡村银行重视将借款人组织起来,并赋予借款人组织一定的管理职能,给予借款人参与信贷过程的机会。香港乐施会、世界宣明会等机构在向贫困户提供小额贷款的同时，还帮助客户建立了自治组织，赋予其很大的管理权。通过客户的参与，保持与客户的密切联系，可以使公益性小额信贷机构增加对客户的了解，同时也启发了客户的自觉意识，挖掘出他们的潜在能力，提高了公益性小额信贷项目的成功率和还款率，维持公益性小额信贷机构的可持续发展。

（四）保持与客户的密切联系

公益性小额信贷一般都是无抵押、无担保性的贷款，其风险控制全在于当地信贷员对客户的了解和投入。一般来说，信贷人员都生活和居住在信贷区，通过参加客户会议，定期访问客户了解情况，他们大部分工作时间都是在与客户交往。

（五）资金规模小，对外来资金依赖性强

公益性小额信贷由于不能吸收存款，其资金来源大多是援助资金或项目自有资金，来源单一数量小，而且不稳定。根据中国小额信贷联盟提供的多个成员数据，初始资金的 71.7% 来源于国际援助，作为配套资金，政府投入占 19.6%，社会捐赠占 6.5%，商业资金占 2.2%。到 2005 年年底，这些机构的资金结构显示，对国际机构捐助的依赖程度几乎没有变化，仍占 71%，社会捐赠资金的比重增加到 10.6%，政府投入的比率在下降，为 12.8%。

三　公益性小额信贷组织

最早的公益性小额信贷起源于孟加拉国，尤努斯创办了一所专门为贫困人群提供信贷服务的乡村银行。1976 年，格莱珉银行项目在孟加拉国的乔布拉村诞生，对 42 名贫穷妇女进行每人无抵押贷款 27 美元，帮助她们摆脱贫困，公益性小额信贷服务模式开始逐步形成。1983 年，孟加拉国议会通过了《1983 年特别格莱珉银行法令》，正式成立了格莱珉银行。到 2006 年，乡村银行遍布孟加拉国 7 万多个村庄，累计发放贷款高达 53 亿美元，帮助 400 万穷人脱离贫困，成为帮助穷人脱贫的一种有效方式。2006 年 10 月，尤努斯及其创办的乡村银行——格莱珉银行，获得了诺贝尔和平奖。

20 世纪 80 年代开始，格莱珉银行公益性小额信贷模式得到世界各国，特别是亚洲、非洲和拉丁美洲欠发达国家的广泛效仿，在全世界快速发展起来，成为一场声势浩大的国际减贫运动。1996 年，世界 50 多个发展中国家公益性小额信贷项目覆盖的贫困人口已经达到 600 万人。1997 年，由世界银行主导，100 多个国家在华盛顿召开公益性小额信贷峰会，成立了名为"小额信贷高峰会议运动"，旨在推动全世界公益性小额信贷的发展。会议通过了《小额信贷宣言和行动纲领》，要求各国在 2005 年前向 7000 多万户贫困人民提供小额信贷支持，并将 2005 年定为国际小额信贷年。1997—2002 年，小额信贷的行业规模以每年 40% 的速度迅猛发展。

我国公益性小额信贷组织大多借鉴格莱珉模式组建，按照出资主体可以分为：一是官办机构，包括政府机构、残疾人联合会、妇联、计生协会、扶贫基金会、人口福利基金会等；二是民间组织，包括国内民间组织和国际民间组织，如社会学者自发组织的民间扶贫组织、香港乐施会等；三是政府间国际组织。

我国公益性小额信贷组织在 2006 年前后处于发展高峰，根据中国小额信贷联盟统计，公益性小额信贷组织最高达 300 多家。目前，受商业性小额信贷冲击和自身可持续发展受阻，我国公益性小额信贷组织萎缩到目前的 40 多家。在我国公益性小额信贷发展历史上，组织规模较大、具有影响力的主要有：中国社会科学院扶贫经济合作社、山西省临县龙水头扶贫基金会、中国扶贫基金会的中和农信、商务部中国国际经济技术交流中心的公益性小额信贷、全国妇联的公益性小额信贷、青海海东公益性小额信贷办公室、香港乐施会和世界宣明会的公益性小额信贷项目。

第二节　公益性小额信贷的突出特点

一　为穷人提供金融服务的理念

我国公益性小额信贷组织借鉴了孟加拉国格莱珉银行模式，将服务对象锁定在贫困人群和贫困人群中最易受到伤害的妇女作为服务目标，为他们提供信贷机会同时还辅助以其他培训，如生产技能培训、金融知识培训等，帮助他们改善经营，提高生活条件。如中国扶贫基金会公益性小额信贷的服务理念就是致力于为那些从传统金融机构无法获得信贷支持的农村贫困人口（特别是贫困妇女）提供资助，并帮助他们提升自立能力，稳定摆脱贫困，做"山水间的穷人银行"，坚持为穷人服务的宗旨。

公益性小额信贷与传统金融机构最大的区别就在于其服务理念的不同，传统金融机构追求的是"利益最大化"，而公益性小额信贷的服务理念是为穷人提供信贷机会，为他们提供小额度、无抵押的贷款服务，帮助他们脱离贫困。这部分人群，往往是传统金融机构所不愿意服务的对象。正是由于不同于传统金融机构的服务理念，公益性小额信贷组织设计了完全不同于传统金融机构（如商业银行）的信贷模式和信贷制度（见表3-1），这些信贷产品和服务方式符合农村低收入者和贫困人群的信贷需求。公益性小额信贷创始人尤努斯坚信，信贷是一项基本人权，为穷人提供适合他们的贷款，教给他们几个有效的财务原则，然后他们就可以自己帮助自己，实现摆脱贫困的愿望。所以说，公益性小额信贷从其产生之初，就将服务理念定位于农村尤其是农村的贫困阶层，建立"穷人的银行"，专门借钱给穷人，改善穷人的信贷获得性机会，帮助他们改善生产和生活并以此消除贫困。

近年来，有些人质疑公益性小额信贷的高利率，认为其实是在剥削穷人。对于这种质疑，其实质是没有看到两种机构的不同性质、不同操作方式和资金来源的根本不同而造成的公益性小额信贷机构的贷款利率高于正规金融机构，仅仅是简单的贷款利率的比较，对于公益性小额信贷是不公平的（Lesley Sherratt，2016）。

表3-1　　　　　公益性小额信贷机构与商业银行贷款比较

机构	资金来源	操作方式	贷款额度
商业性银行机构	个人和机构的低利率存款，资金成本低	坐等式，客户上门，操作成本低	额度大、上百万元甚至上亿元，产生的利润高
公益性小额信贷机构	自有资金、批发性贷款和其他，资金成本高	专人上门服务，操作成本高	额度小、分散，几千元到几万元，利润低

二 信贷支持与社会服务相结合

传统金融机构和客户的关系一般是债务和监督关系，金融机构并没有为客户提供信贷活动之外的社会服务。但公益性小额信贷却恰好相反，表现出强烈的亲农性，不仅给农户提供信贷支持还为他们提供其他社会服务，并将两者结合起来，社会绩效是公益性小额信贷机构追求的重要目标。

公益性小额信贷在为穷人提供资金信贷的同时，根据农民需求，为他们提供技术培训和生产指导，以提高他们的生产经营能力，也借以保障资金的安全性。如针对一般性的常规技术、常识、简单的操作技术和农民常遇到的疑难问题进行培训和指导，对于专业性较强的新技术和项目经营的问题，不定期地举办系统的或季节性的培训。这种做法一方面提高了农户利用资金的能力，提高了生产效益；另一方面也保障了资金使用的安全性，使农户还款有了保障，保证了机构自身的可持续发展。此外，公益性小额信贷还注重客户的参与，注重对客户的感情培养，与客户建立密切的联系。如中国扶贫基金会小额信贷将借款人组织起来，并赋予借款人组织（小组、中心）一定的管理职能，给予借款人参与信贷过程的权利。香港乐施会、世界明宣会等机构在向贫困户提供小额贷款的同时，还帮助他们建立自治组织，赋予其很多的管理权，还有一些机构吸收客户代表参加理事会。还有一些信贷机构，在客户间不定期地组织各类（技能类、科技类、娱乐类、文艺类）竞赛活动，不仅丰富了借款人的生活，还密切了信贷机构与借款人之间的关系。

公益性小额信贷之所以能够在提供信贷支持的同时，还提供相应的社会服务，主要就在于公益性小额信贷不以营利为目的，而主要是为穷人提供一个信贷机会，因此其职能不仅是金融性的，还是社会性的，实现了两者的兼备。

三 适宜农户的信贷制度设计

传统金融机构不愿意为农村低收入和穷人提供金融服务的原因，一方面是追求利益最大化，小额、分散的信贷需求所产生的交易成本较高，贷款给农户是一种非利益最大化行为；另一方面在无抵押和无担保的条件下，由于信息的约束，金融机构很难观测和监督农民借贷后的行为，无法保证资金的安全性。

公益性小额信贷作为一种新型信贷机制并能适合于农村金融市场，并非因它没有面临挑战和风险，而是公益性小额信贷在坚信穷人是守信的，也是应该得到基本金融服务这一理念的基础上，对信贷制度和技术进行了制度上的创新和变革，避免了传统金融机构的风险和高交易费用。

首先，在贷款对象上，通过合理安排信贷项目和对信贷额度的控制，将过去农村信用社信贷对象的抵押担保扩大到无抵押担保，扩大了贷款对象，将那些没有抵押财产的贫困人群也纳入信贷服务体系中。

其次，在信用机制上，公益性小额信贷引入团体联保贷款和动态激励机制，减少了传统金融机构因无抵押和缺少征信系统而引起的信贷风险，同时也创造了一种新的信用评估方法和信贷激励机制。

再次，在风险运营机制上，公益性小额信贷通过分期付款的还款方式设计，实现了贷款风险的分散化。该机制不仅降低了机构的交易成本，而且还有效地规避了信贷风险。

最后，从制度设计来说，公益性小额信贷适合农村金融需求特点。一方面，将信贷与社会服务相结合，并运用动态激励机制，促进农户合理运用信贷资金以促进生产发展和收入增加并获得未来更大额度的贷款；另一方面，将信贷活动与生产过程有机结合，运用监督、信用绩效评价机制，促进农户将信贷资金紧密结合生产，促进增产增收的有效投入，实现信贷—投资更高效率的转换。

如中国扶贫基金会中和农信，为帮助更多的贫困地区低收入家庭收入的提高，在产品设计上始终将客户的可获得性放在首位，根据客户的需求量身定制贷款产品和服务方式。中和农信在选择业务区域的时候，将贫困地区作为首选考虑因素。目前，81%以上的项目区为国家级或省级贫困地区，98%的贷款客户为农户，93%的贷款客户为妇女，25%的贷款客户为少数民族，70%的贷款单笔贷款额度在1万元以下。①

四 不同于传统金融机构的信贷管理模式

公益性小额信贷的核心问题是如何在无抵押担保条件下为贫困人群提供可持续的信贷服务，并能保证机构可持续发展。因此，在信贷管理模式上，有以下几个有别于传统银行业的特殊性。

1. 风险管理方式

公益性小额信贷机构虽然采取了非抵押担保的信用贷款模式，但依靠财产以外的社会资源，即借款人的经营能力和团体信用的评价来代替抵押，从而规避了因信用缺失和抵押物缺失造成的信贷风险。

2. 风险贷款准备金

与传统银行五级分类的风险评级方式不同，不是对每笔贷款进行风险评级，而是对整体信贷资产的风险贷款余额进行统计，根据风险贷款的账龄计提风险贷款准备金。

3. 经营模式上

面对千变万化的小客户，不是被动等待着信贷需求者上门，而是靠信贷人员走入田间地头，主动接触和了解客户，并根据不同的信贷需求制定相应的信贷服务。此外，还采取分散决策模式。分支机构和信贷员拥有更多的审批和决策权，尤其是信贷员，因他们直接跟农户相接触，对农户非常熟悉，可以直接拥有信贷决策权。

第三节　　公益性小额信贷引入背景分析

我国真正意义上的公益性小额信贷是从 20 世纪 90 年代初开始的，1993 年 9 月由中国社会科学院农村发展研究所借鉴格莱珉乡村银行模式，在河北易县成立了扶贫经济合作社，标志着公益性小额信贷的诞生。但也有一些学者如吴国宝等，将在这之前出现的由国际机构援助的一些公益性项目也看作我国最初的公益性小额信贷。他在《中

---

① 中和农信公司网站：http://www.cfpamf.org.cn/。

国小额信贷扶贫模式研究》一书中指出，从 1981 年开始的由国际机构支持的一些扶贫援助项目是我国公益性小额信贷的实验阶段，统称为项目公益性小额信贷；这些项目公益性小额信贷瞄准的对象是穷人尤其是底层穷人，带有很强的扶贫性质，其操作方式、金融产品和贷款模式都与公益性小额信贷相似，因而被认为是我国公益性小额信贷的开始，是处于实验阶段的公益性小额信贷，为我们后来正式的公益性小额信贷提供了很多有用的经验。

将其引入我国公益性小额信贷的直接和主要原因，是作为一种有效的扶贫方式，但同时也是我国农村金融市场不足以解决农村金融需求主体——农户尤其是贫困农户的信贷需求所引致的，它的出现契合了农户的信贷需求特点，因而扎根、发展和壮大，最终成为我国农村金融体系的一个组成部分。

一　传统扶贫方式难以渗透到低收入人群

公益性小额信贷发轫于扶贫，源于对传统扶贫方式和传统金融制度安排的改进和创新。从最初的 1981 年开始的联合国农发基金对内蒙古 8 个旗（县）开展的信贷项目开始，到 1993 年中国社会科学院扶贫经济合作社的成立，都源于扶贫的动机和愿望，是希望在传统扶贫方式之外找到一条让资金和服务都渗透到农村最低收入阶层的途径。而发源于孟加拉国的公益性小额信贷模式因其服务于穷人的理念和做法，正好为中国扶贫提供了一个极好的样本，我国"小额信贷之父"杜晓山就是在这样一个背景下借鉴了孟加拉国乡村银行的模式创立了扶贫经济合作社。

自 20 世纪 80 年代，我国开始了大规模、有组织、有计划的开发式扶贫。1986 年成立的国务院扶贫开发领导小组，各省、市、县也成立了相应的机构专门负责我国的扶贫事业。1994 年制订了《国家"八七"扶贫攻坚计划》、2001 年颁发了《中国农村扶贫开发纲要（2001—2010 年）》。为了减少贫困人口，政府投入了大量的人力、物力和财力，同时还对农村金融体系进行了一系列的改革和重塑，以期服务于农业、农村和农民，改善农民的生产和生活状况，摆脱贫困，实现社会主义共同富裕的目标。

　　我国政府实施如此大规模、有组织、有计划的扶贫，使我国的扶贫事业取得了举世瞩目的成就。1978 年，我国有 2.5 亿贫困人口，贫困发生率为 30%。农村经济体制改革以来，农村经济得到了迅猛发展，农村贫困人口数量大为减少。1985 年，贫困人口下降为 1.25 亿，相比 1978 年减少了 50%，贫困发生率为 15%。1990 年，贫困人口降为 8500 万，平均每年减少 1000 万。截至 2008 年，我国贫困人口减少到 1500 万以下，占农村总人口比重降至 1.6%，创造了世界扶贫领域的奇迹。① 世界银行的数据显示，过去 25 年全球脱贫事业成就的 67% 来自中国。

　　但从 1990 年开始，政府投入了很大的力量，贫困减少步伐没有前十年显著。1990—2000 年，贫困人口从 8500 万降低到 3200 万，平均每年只减少 500 万，远低于 1990 年以前的水平。这在一定程度上表明，以政府为主导的扶贫方式逐渐暴露出一些困境和不足，尤其是针对那些真正的贫困者，以政府为主导的扶贫方式收效甚微，不能解决大部分贫困农户的信资金需求，扶贫效果逐渐下降。其主要的原因是：

　　（1）扶贫贴息贷款资金数量有限，且还款率低。扶贫贴息贷款的数量相对于整个农村资金需求量而言，是杯水车薪。1984—2007 年，中央共投入财政扶贫资金（含以工代赈）近 1500 亿元，并通过财政贴息调动了近 2000 亿元贷款投入。但相对于我国 3.7 万个乡镇 62.4 万个村 453.3 万个村民小组 7.4 亿农村人口来说，这些资金是远远不够的。②

　　（2）扶贫资金没有有效地渗透到农村底层贫困户中。扶贫资金的使用情况并没有与贫困状态相吻合，而且扶贫资金被挪用的现象时有发生。我国的扶贫资金使用情况分为两个阶段：第一个阶段即 1994 年以前的阶段，扶贫资金的主要贷款对象是贫困地区的生产性企业而不是贫困农户。地方政府为了发展地方经济，增加地方财政收入，实

---

① 中国扶贫办官方网站：www.cfpa.org.cn，2009 年 9 月 11 日。
② 参见焦瑾璞《建设中国惠普金融体系》，中国金融出版社 2009 年版，第 220 页。

现地方政府利益最大化，再加上农业生产率低下，导致扶贫资金用途偏离了既定的方向，常常出现扶贫资金被挪用的现象，有时被用于支持当地企业的发展。国家审计署对 1994—1996 年中央扶贫贴息贷款的审计结果表明，593 个国家级贫困县贷款用于种养业的平均比重为 37%，有些地方仅为 10% 左右。第二阶段是在《国家"八七"扶贫攻坚计划》出台后，扶贫资金的使用被规定为贫困农户，重点用于种植业、养殖业和当地农副产品加工。然而，扶贫资金并没能惠顾贫困人口，而是非贫困人口享受了信贷扶贫资金的好处。以山西省大宁县为例，在 100 户种养业贷款户中，有 20 户是村干部，80 户是国家公职人员及其家属。[①]

（3）实施了农村家庭联产承包责任制后，农村基本温饱问题得到解决。如今的贫困主要是发家致富，不再是吃饭问题。扶贫标准的提高，使扶贫开发的首要任务不再局限于解决绝对贫困人口的温饱，而是尽快稳定解决扶贫对象温饱并实现脱贫致富。这意味着我国扶贫方式应该由前期的救助式扶贫转向开发式扶贫，也就是由"输血"转变为"造血"。

（4）政府扶贫模式中缺乏穷人主动参与的机制，没能激发贫困人群自身的主动性和创造性，造就了贫困人口"等、靠、要"的思想，形成了一种缺乏主体性的扶贫模式，从根本上说，不可能彻底根除贫困。

总而言之，输血式的扶贫方式，资金量不够，且资金使用方式不恰当造成了资源的浪费。同时，这种无偿的扶贫方式，造成了贫困人群"等、靠、要"的懒惰思想，不利于发挥贫困人群的积极能动性，更不利于从根本上来根治农村的贫困问题。而公益性小额信贷的开发式扶贫方式，有助于解决既有输血式扶贫方式的困境，从根源上激发贫困人群的生产积极性，发挥贫困人群的主体能动性，进而弥补输血式扶贫方式的缺陷，因而其扶贫效果更加显著和具有可持续性。我国

[①]　参见黄建新《贫困与农村金融制度安排》，中国财政经济出版社 2008 年版，第 114 页。

首个公益性小额信贷机构——扶贫经济合作社正是在这一背景下，参照孟加拉国乡村银行模式而建立起来的。

二 传统农村金融市场不足以满足贫困人群的信贷需求

20世纪六七十年代以来，很多发展中国家农村金融政策受干预主义和自由主义的影响，两种经济思想导致发展中国家农村金融政策实践在政府干预和市场导向之间徘徊不定。改革开放以来，我国农村金融政策实践也经历了从早期的政府主导（补贴信贷）到后来的市场化改革历程，但无论是政府主导还是市场化改革，农村金融服务改善依然困难重重，农户（尤其是贫困农户）信贷可获得性难题依然没有得到有效解决，信贷资金没能有效地渗透到农村和穷人当中，出现农村"金融抑制"。

我国传统农村金融改革经历了四个阶段，期间也经由政府干预到市场为主导的思路转变，期望借此能充分发挥金融中介的作用，促进农村经济的发展，解决"三农"问题。但在农村金融自由化或者市场化过程中，由于市场的缺陷和资本的逐利性，农村金融机构并没有将其服务自动渗透到农村所有的人群，尤其是农村低收入者和贫困人群。

第一阶段（1979—1993年）：恢复和建立新的金融机构。

1979年，恢复了传统金融机构——中国农业银行，并以支持农村经济发展为己任，农村信用社成为农业银行的基层机构。1984年，国务院批转中国农业银行《关于改革信用合作社管理体制的报告》，提出把农村信用社真正办成群众性的合作金融组织，恢复信用社的"三性"，即组织上的群众性、管理上的民主性和经营上的灵活性，在农业银行的监督、领导下独立地开展业务。农村信用社成为农村金融体系中唯一个与农村、农户直接接触的金融机构。农村传统金融体系的建立，促进了农村金融市场发展。以1979—1996年，农村金融市场中农户家庭储蓄占比从1979年的36%上升到1996年的87%，在1998年高达98%，农户是农村金融市场的资金主要来源，但其从金融市场中获得贷款的比例与其储蓄比例远不相配。其贷款占比最高也只有1984年的23%，平均年贷款占比为13%，在1988年存款占比高达98%的时候贷款却只占2%，其资金大部分流出农村，流到非农业和城市，农村金融市场成为"抽水机"（见表3－2）。传统金融机构提供的金融服务远远不能满足农村融资的需求，非传统的民间借贷找到了生存空间，它们活跃在农村金融市场，对扩大农业生产经营、提高资金使用效率、促进个体经济发展方面起到了积极作用。当时的中央政府采取了支持的态度。1981年5月，国务院转批《中国农业银行关于农村借贷问题的报告》，肯定了民间借贷的作用。1984年，河北康保县芦家营乡正式建立了中国第一家农村合作基金会。

第二阶段（1994—2002年）：建立"三位一体"的农村金融体系。

这个阶段农村金融改革目标是要建立一个能够为农业和农村经济发展提供及时、有效的服务金融体系。1994年，成立了政策性银行机构——农业发展银行，以国家信用为基础，筹集农业政策性信贷资金，承担国家规定的农业政策性金融业务，代理财政性支农资金的拨付，为农业和农村经济发展服务。中国农业银行则开始向国有商业银行转型。1996年，《国务院关于农村金融体制改革的决定》明确要求，农村信用社和农业银行脱离行政隶属关系，由中国人民银行监管，逐步改为"由农民入股、有社会民主管理、主要为社员服务的合作性金融机构"。由此，构建了由商业性银行、政策性银行、合作银行组成的"三位一体"、分工合作、符合农村融资需求的金融体系。但结果是这些农村金融机构逐渐偏离农村。农业银行20世纪90年代后期开始逐步撤并县域基层分支机构，悄悄退出农村信贷市场，重点转向城市；基层营业机构的贷款审批权和财务权上收，业务重点放在大城市、大企业和大型项目上。农村信用社成为农村信贷市场的主力。随着农村金融需求的大幅度增加，金融供求缺口越来越大，再加上农村信用社本身的历史包袱沉重，资本严重不足，产权不明晰，法人治理结构不完善等原因，使得其难以适应农村经济和金融发展要求。结果是农民消费性金融需求几乎不可能从传统金融体系中获得，生产性金融需求支持也有限，传统金融机构的供给依然严重不足。

第三阶段（2003—2006年）：农村金融商业化改革发展阶段。

表3-2　农村金融市场资金来源和流向

单位：亿元，%

年份	各项存款数额				各项贷款数额					资金流出
	农业企业	乡镇企业	农民家庭	农民家庭占比	农业企业	乡镇企业	农民家庭	农民家庭占比	非农业占比	城市占比
1979	505.5	110.7	345.0	36	436.8	163.1	40.2	4	34	30
1980	585.4	40.0	486.6	44	494.8	293.9	55.9	5	40	31
1981	874.6	148.2	677.6	40	514.3	333.2	86.1	5	34	31
1982	609.6	167.1	884.6	53	538.3	387.4	47.7	3	44	32
1983	502.6	262.6	1201.4	61	549.5	462.4	248.8	13	44	33
1984	518.4	373.8	1615.5	64	696.3	939.2	581.1	23	35	20
1985	419.1	303.4	1958.8	73	703.8	1039.2	572.7	21	37	12
1986	493.6	382.2	2583.7	75	815.3	1514.2	718.0	21	38	11
1987	510.6	412.2	3293.1	78	954.4	1839.5	901.4	21	42	11
1988	450.2	416.6	33292.6	97	936.6	1890.4	815.0	2	6	2
1989	377.6	338.9	3568.8	83	899.7	1784.8	772.2	18	49	15
1990	437.8	393.4	4675.6	85	1419.7	2063.7	942.8	17	45	16
1991	524.9	491.6	5716.0	85	1749.2	2490.9	1116.4	17	45	18
1992	680.7	728.5	6711.7	83	2151.8	3148.1	1274.0	16	45	18
1993	625.0	940.0	7384.0	83	2215.4	3789.0	1304.8	15	47	18
1994	577.9	907.5	8173.4	85	2386.3	3916.1	1316.1	14	49	19
1995	567.4	866.6	9172.5	86	2707.9	4121.9	1443.1	14	50	21
1996	601.0	941.0	10704.5	87	3694.9	4370.0	1560.2	13	48	20

资料来源：张杰《中国农村金融制度：结构、变迁与政策》，中国人民大学出版社2003年版，第61页。在引用时笔者对数据做了一点整合。

2003 年 6 月，国务院公布《深化农村信用社改革试点方案》的通知，正式开启了第三轮农村金融改革的序幕。从江西、山东、浙江等 8 个省份试点向全国扩张，改革按照"明晰产权关系、强化约束机制、增强服务功能、国家适度支持、地方政府总负责"的总体要求，加快农村信用社管理体制和产权制度改革，把农村信用社逐步办成由农民、农村工商户和各类经济组织入股，为农民、农业和农村经济发展服务的社区型地方金融机构，充分发挥农村信用社农村金融主力军和联系农民的金融纽带作用，更好地支持农村经济结构调整，促进城乡经济协调发展。改革后农村信用社逐步形成了四种产权关系：农村商业银行、农村合作银行、县级农村信用社法人、县乡两级法人。到 2007 年年底，完成产权改造后，主建了 17 家农村商业银行，113 家农村合作银行，农村信用社 8348 家。但由于改革的目标不是改善农村金融服务问题，而是解决农村信用社生存和发展问题，结果是资金越来越远离农民，从农村流向城市。

第四阶段（2006 年至今）：普惠金融体系下的农村金融多元化发展阶段。

2006 年，人民银行推动了小额贷款试点，银监会出台了放宽农村地区银行业金融机构准入的新政策，① 开放农村金融市场。2006 年，中国邮政储蓄银行挂牌。2007 年，中国银监会批准的首家村镇银行——四川仪陇惠民村镇银行正式挂牌成立。2008 年，中国银监会与中国人民银行联合发布《关于小额贷款公司试点的指导意见》（〔2008〕23 号）。2009 年，银监会发布《小额贷款公司改制设立村镇银行暂行规定》，规定了小额贷款公司转制为村镇银行的准入条件、程序和要求以及后续的监管问题。这一系列政策的出台，给农村金融开拓了一条崭新的多元化发展道路。

当前，互联网金融借助网络、技术和信息等优势已经开始渗透到农村地区，推动农村金融创新发展。推动互联网金融在农村发展的主

---

① 2006 年，银监会发布《关于调整放宽农村地区银行业金融机构准入政策更好支持社会主义新农村建设的若干意见》，以"低门槛、严监管"为特点，开放农村金融市场。

体主要有三类：一是大型"三农"服务商。如以村村乐、大北农、新希望为代表的大型农业企业，通过建立经营养殖信息系统和开拓网上农资商城，掌握大量农业企业和农户资源，在此基础上向其提供农资贷款。二是电商综合平台。以阿里巴巴、京东为代表，它们将金融作为开拓农村市场整体战略布局的一个部分。如阿里巴巴提出的"千县万村"计划和京东推出的"3F"战略，都是消费品下乡、农产品进城和金融协同。目前，电商平台已广泛涉足农村电子支付、小额信贷、财富管理等各个领域。三是 P2P 平台。以宜信、开鑫贷、翼龙贷为代表的 P2P 平台也在走农村路线，它们通过线上平台整合资金和项目，通过线下网点（或代理商）开发客户，运用互联网将农村资金需求端与供给端有效对接。四是传统银行机构，以农村信用社、农业银行、邮政储蓄银行为代表的传统银行机构，近年来，纷纷加大对农村互联网金融的投入，通过推广电话银行、手机银行、网上银行等方式，为农村居民提供更为便捷的金融服务。

虽然互联网金融给农村金融发展带来了曙光，但由于农村的分散特点、互联网金融的普及率低、农村金融数据缺乏等原因，互联网金融在农村还没有真正兴起，农村地区依然以传统金融为主。

我国新时期农村金融改革发展的过程，也就是农村金融配置机制从政府主导向市场化转变的过程，尤其是互联网金融的出现，加速了农村金融市场的发展。但无论是政府主导还是市场化，从总体上看，都没能有效解决农户的信贷可获得性问题，尤其是贫困农户合理信贷需求的满足问题。之所以如此，是因为政府主导的农村金融服务必然受到以下因素制约：①贷款易受政治因素的影响而非基于对经济因素的考虑，这不仅导致信贷配置的无效和误置，还刺激了借款者的违约预期；②接受政府补贴和捐赠者廉价资金的国有银行，由于预算软约束的存在，很难产生扩大农贷的内在动力；③当放贷者是国有金融机构，即便是规定了违约和逾期惩罚，借款者也可能会认为这些措施实施的可能性不高，容易产生违约的意愿；④政府的代理人会将廉价的信贷资源作为牟取私利的"寻租资本"。这样一来，政府主导的农村金融市场的低效率就难以避免。

农村金融体系因其自身的特殊性，如存在严重的信息不对称、缺乏抵押物、消费性借贷为主等特点，使得传统金融机构对农村金融服务需求供给不足，农户尤其是贫困户贷款难问题必然存在。

三 农户金融需求小而广的特点促进公益性小额信贷的发展

公益性小额信贷本质上是对传统农村金融体系的反思，尤其是传统农村金融体系在惠及贫困人群的生产、生活信贷需求满足度方面的反思，通过契合贫困农户信贷需求特点的制度设计，贴近了贫困农户，满足了他们的信贷需求，同时还能维持机构自身的可持续性发展。

农村金融市场的需求主体是农户和农村企业，农村的分散性和农业的周期性、弱质性特征决定了农村金融的需求特征有别于城市的金融需求。与城市金融需求相比，农村金融需求具有规模较小、分布较散的特点。

（一）农村金融需求规模较小

首先，从农户看，随着家庭联产承包责任制的推行，农村金融需求主体从过去的生产集体变为单个农户，这种经济决策主体的分散化决定了农村金融需求无论是存款还是贷款都呈现出小规模特征，占总人口比例约70%的农村居民的储蓄只占全国的19%，农村居民的人均存款余额只有城镇居民的10%左右；而农户贷款平均每户不到10000元，与城镇居民的差距也很大。[1] 特别是与工商信贷和城市居民的消费信贷相比，农户信贷的单笔金额明显较小。国务院发展研究中心农村经济研究部的调查显示，农户借款以小额为主，5000元以下单笔借款占所有借款笔数的67.3%，而万元以上的大额贷款笔数仅占14.6%。[2]

其次，从农村企业看，虽然总体来看农村企业的金融需求规模巨大，但是由于农村绝大部分是中小民营企业，中小企业以多样化和小

---

① 参见罗恩平《农村金融需求总体特征及发展趋势研究》，《福建论坛》（人文社会科学版）2005年第9期。

② 参见刘卫锋《农村信贷需求与农村金融改革创新》，《湘潭大学学报》（哲学社会科学版）2009年第1期。

批量著称，企业规模小，单个农村企业的金融需求不像大型企业有很强的计划性，他们的金融需求往往是规模相对较小、频率高、随意性大、时间紧。

（二）农村金融需求分布较散

首先是地域分散。由于我国农村幅员辽阔，农业生产和农户分散居住，农村金融需求在地域上的分布很不集中。其次是需求主体分散为不同的层次，根据农户的金融需求特征，农户可以分为贫困农户、维持型农户和市场型农户；农村企业可以分为农村资源型乡镇企业、形成中的龙头企业、完整形式的龙头企业。各种类型的农户和农村企业，在某些方面的金融需求（如贷款需求、存款需求和金融投资需求、结算需求）虽然是同质的，但其金融需求的形式特征和满足金融需求的手段及要求却是不一致的。[1]

1. 贫困农户

贫困农户是一种特殊的金融需求主体层次，其生产和生活资金均较短缺，它作为金融机构放款的承贷主体是不健全的，贷款风险较大。虽然它们对贷款也有需求，但是被排斥在传统金融组织的贷款供给范围之外，只能以较为特殊的方式满足资金需求，政策性金融的优惠贷款资金、民间渠道的小额贷款（如国际金融组织和国外 NGO 援助等）、政府财政性扶贫资金是贫困农户满足资金需求的重要方式。

2. 维持型农户

维持型农户已基本解决温饱问题，具有传统的负债观念和负债意识，一般较为讲求信誉。金融机构对维持型农户的小额放款是较为安全的，贷款回收率一般在90%左右，因此，金融机构对这部分农户的小额资金需求，一般均以信用放款方式发放。该农户群体也是农村信用社主要的贷款供给群体。所以，维持型农户的贷款需求，一般均能得到满足。但目前农村信用社资金实力普遍不足，难以最大限度地满足维持型农户的资金需求。

---

① 何广文：《中国农村金融供求特征及均衡供求的路径选择》，《中国农村经济》2001年第 10 期。

3. 市场型农户

市场型农户的生产经营活动是以市场为导向的专业化技能型生产，对于贷款资金的需求一般大于维持型农户，但他们缺乏有效的承贷机制，缺乏商业贷款供给所要求的抵押担保品，因而难以从银行申请到贷款。有关研究还表明，仅有20%的农户能够得到贷款，这部分贷款占农村金融机构借款量的80%。

4. 农村企业

农村企业是立足于当地资源而由乡村投资发展起来的、生产是面向市场的资源利用型生产。由于市场供给和需求关系变化较大，农村企业生产经营活动的风险较大，农村金融机构对其发放贷款的风险也较大。虽然农村企业一直是农业银行金融商品供给的主体，但成长中的农村企业的资金短缺却一直是较为突出的问题。

5. "龙头企业 + 基地 + 农户"

"龙头企业 + 基地 + 农户"以其特殊的产业连带效应和对农民增收的特殊影响力，一直被公认为我国农业产业化经营的主体模式。已具有一定规模的完整形式的龙头企业，如著名的内蒙古伊利实业集团、广东金曼集团、山东得利斯集团等企业，资金实力一般较为雄厚，也是较为健全的承贷主体，贷款风险较小，一般通过获得商业金融机构的信用放款或抵押贷款满足资金需求。但当龙头企业处于发展初期而正在形成中时，却缺乏健全的承贷主体，金融机构难以给予其贷款支持，它们主要靠所在乡镇政府担保获得贷款，虽然能够在一定时期内从某种程度上现实地解决企业的资金需求，但不符合《担保法》的要求，担保主体没有独立的法人机构，法律保护脆弱。同时，资金短缺是这类企业进一步发展的主要约束因素。

（三）农村贷款以信用贷款为主

根据《中国农村家庭金融发展报告（2014）》数据显示，农村贷款中，信用贷款家庭占比最高，接近60%；其次是保证贷款和抵押贷款，占比都在20%左右；质押贷款最少，为1.1%。① 正规金融信贷是以抵押贷款为主，农村家庭缺乏可以作为抵押物的房产、土地等，致使他们一直被排斥在正规金融信贷外。

农村金融需求小而散的特点决定了农村金融机构不得不面对交易成本高和风险难以防控的问题。首先，对于在地域上分散而居的农户和网点相对有限的金融机构而言，完成一笔交易要付出很多的搜寻成本、谈判签约成本以及合约执行成本，为保证合约的履行也要付出很多的事后监督成本。单笔金额小的特征进一步加剧了这一问题，导致单笔交易成本高企。过高的交易成本必然限制金融机构信贷供给的积极性，也抑制了农户从金融机构获取信贷的积极性。其次，由于农村经济面临更大的自然风险和市场风险，贷款主体又很难提供合格的抵押担保品，客观上导致了农村金融机构经营的高风险。

这就为公益性小额信贷在农村生存和发展提供了空间。因为现阶段我国农村金融供给主体——农村信用合作社是按照城市金融市场的方式和方法来运行的，不适应农村尤其是贫困农户的信贷需求，其结果势必是大量有信贷需求的农户没有或者是无法得到传统的金融服务。

而公益性小额信贷本质上是对农村传统金融体系的反思，通过契合贫困农户信贷需求特点的制度设计，从而避免了逆向选择②和道德风险③，为公益性小额信贷的可持续发展奠定了非常重要的基础。

四　公益性小额信贷契合了农村金融市场特点

公益性小额信贷之所以能在农村生根、发芽并逐步得到农户的认同，就在于其制度设计契合了农户尤其是贫困农户的信贷需求特点。

---

① 甘犁等：《中国农村家庭金融发展报告（2014）》，西南财经大学出版社2014年版，第65页。

② 逆向选择，是指交易双方信息不对称和市场价格下降产生的劣质品驱逐优质品，进而出现市场交易产品平均质量下降的现象。在金融市场上，是指市场上那些最有可能造成不利（逆向）结果（造成违约风险）的融资者，往往就是那些寻求资金最积极也最可能得到资金的人。

③ 道德风险是20世纪80年代西方经济学提出的一个经济哲学范畴的概念，指从事经济活动的人在最大限度地增进自身效用的同时做出不利于他人的行动。

可以说，公益性小额信贷的产生和发展是农村金融需求诱致性制度变迁的结果。

根据新制度经济学有关制度变迁理论，制度变迁可以分为强制性制度变迁和诱致性制度变迁。强制性制度变迁是外生于经济主体的，具有突发性和强制性。我国传统金融改革的历程从一定程度上可以说是强制性制度变迁的过程，其结果与运行经济主体内在特点没有一个很好的契合过程，因此也就不会产生理想的效果，这也是我国几次农村金融体制改革都不能很好地解决农村金融服务的原因。而需求诱致性制度变迁是内生于经济主体的运行过程，是一种渐进性的制度产生过程，是一个人或一群人在响应制度不均衡所采取的变革。公益性小额信贷正是在这种诱致性制度变迁过程中，得以产生、发展和改进的，进而逐渐适应农村社会生产生活特点，是一种与农村经济相共生的金融制度。

公益性小额信贷与农村金融市场的契合性表现在以下几个方面：

（一）团体联保贷款制度理念契合了农村熟人社会特点

在我国悠久的历史中，农民一直是传统社会的主要群体，农民是维持中华几千年文明的载体。[①]"仁、义、礼、智、信"是我国几千年来的优良传统，是我国价值伦理体系中的核心因素。信，是重诺守信，人无信不立、业无信不兴、国无信不宁。信是做人的根本，是个体维系社会资本的核心要素。这些依附于农业文明的道德范畴在当今的农村保存得还比较完好，并由此导致农民对家族声望和个人信誉的高度珍视。

一个传统农业社会的农民，从小生活在一个相对小而确定的社区中，而这个社区内部成员都是世代生活在这个地域范围内，对各自的家族历史和行为特点都非常熟悉，即生活在一个乡土社会里。在乡土社会里他们活动范围受地域上的限制，区域间接触少，生活隔离，各自保持着孤立的社会圈子。乡土社会在地方性的限制下形成了生于斯、死于斯的封闭社会。每个家庭在这样的环境下，也无秘密可言。

---

① 温铁军：《解读温铁军与"三农"问题脉络》，《南方人物周刊》2008 年第 3 期。

每个孩子多是在他人眼中长大的，而每个孩子眼里周围的人也都是从小就看惯的。这是一个熟悉的社会，没有陌生人的社会。在熟人社会里，信用是个人、家庭立足的根本。因此，决定家族间交往的并不是现代社会中的契约，而是各个家族通过漫长时间积累起来的家族声誉。声誉就是一个家庭的信誉，一旦家庭信誉遭受损失，那么在本村的生活就会受到影响，甚至遭遇集体被放逐的命运，很难立足于既定的社区。这些社会规范对农民的信用行为起到了强制性的约束，强化了农民的个人信用观，使他们非常看重个体在既定社区里的信誉。

公益性小额信贷的"自愿组合、互相联保、一户不还，各户承担"的团体联保贷款机制，无须抵押担保物，采用团体联保承担贷款风险，契合了农民的"熟人社会"特点，个体在既定的社区内非常看重个人信誉，而且一般也不会违背个人信誉，且违背信誉的代价极高。如此一来，这种原本因信息不对称而产生的信贷风险便转为无形的内部监控和内部监督，由此极大地降低了信贷风险，提高了信贷还款可能性，为维持机构的可持续发展奠定了制度基础。

（二）有偿贷款契合了农村经济市场化过程中人际关系转型的需要

随着社会经济的发展，尤其是经济结构的改变，农村的社会关系也在演进。在还保留原来的熟人社会特点的同时，农村社会关系也由原初关系①逐步向工具性关系和市场性关系转化。尤其是新一代农民身上，市场性关系表现得更为明显。相对于新一代农民来说，在有资金需求时他们更愿意与传统金融机构发生借贷关系，而非向亲友借贷。一方面，因为公益性小额信贷无抵押便利的借贷条件，使他们很容易得到贷款；另一方面，向公益性小额信贷机构借贷，不用背负亲友借贷所产生的人情负债，心理轻松。

---

① 原初关系：由血缘、地缘和亲属及社会交往中形成的关系；工具性关系是指以追求交往主体的效用最大化而形成的关系；市场性关系指人与人之间、企业与企业之间等商业利益主体基于商业互动和商业往来所形成的旨在缓解信息不对称而结成的社会关系。参见常向群《费孝通的"差序格局"概念对世界人类学的贡献及其局限》，中国选举与治理网：2009 年 5 月 14 日。

（三）公益性小额信贷的出现弥补了农村地区针对贫困人群的金融服务缺失

自 20 世纪 90 年代末以来，我国四大国有商业银行逐步实现商业化改革，并撤离了其县域分支机构向城市集中，农村金融机构大为减少，农村地区的金融机构仅剩下农村信用社，这种状况加深了金融与农村微观经济疏离的程度。

著名金融发展理论学家麦金农和肖认为，金融对经济发展具有促进或促退作用，"一国经济中的金融部门在经济发展中举足轻重。它有助于避免单调乏味地重复压制的经济行为，加速经济增长。倘若受到抑制或被扭曲，它亦可因那个截断而摧毁经济发展的动力"。① 麦金农的金融发展理论认为，欠发达经济是一种分割的经济，是一种"金融抑制"，对经济发展起着促退的作用。而与经济发展相协调的金融对经济发展具有极大的促进效应：一是收入增加效应，即金融深化对收入的促进作用。当经济单位所持的实际货币余额增加后，生产率会得到提高，产出自然增加。二是储蓄效应，即金融深化将储蓄资源有效地动员起来并引导到生产投资上来，从而促进经济发展。三是投资效应。金融深化使储蓄资源汇集于金融市场，这使私人部门也可以进行大额投资；同时也是更为重要的方面，金融深化有助于改善投资结构，提高财富效益率。

而我国四大国有商业银行改革撤离农村地区，忽视了农村经济发展过程中对金融的内在需求而单纯地只考虑金融机构的商业利益最大化，将农村经济发展的外源融资渠道切断，在内生性资本还没有积累起来的情况下，势必不利于促进农村经济的发展。农村实际情况也表明，大部分地区的人均收入保持在维持基本消费和生产的水平，资金剩余很少，根本无法实现内生性资金的积累。公益性小额信贷的出现，正好弥补了农村金融服务尤其是针对贫困人群的金融服务缺失，完善了农村金融市场的金融服务，促进农村地区的经济发展。

---

① ［美］爱德华·肖：《经济发展中的金融深化》，邵伏军等译，生活·读书·新知三联书店上海分店 1988 年版。

第四节　　公益性小额信贷的历史和现状

一　发展历史

国际上正式的小额信贷起源较早，但其真正蓬勃发展是在 20 世纪 80 年代孟加拉国乡村银行试验成功之后。迄今为止，国际小额信贷的发展经历了三个发展阶段，即从短暂的实验阶段到不懈的探索阶段，再到现在的持续发展阶段。这期间小额信贷的目标从福利主义发展到制度主义，也就是从最初的为穷人提供信贷服务为目标，到现在追求社会目标同时又要实现机构自身的可持续性发展的双重目标。1997 年 2 月在美国华盛顿举办了首届小额信贷高峰会，提出小额信贷"双赢"的目标，即小额信贷机构不仅能够在反贫困的斗争中发挥重大作用，而且能够在不需要补贴、可持续的基础上做到这一点。

我国公益性小额信贷发展历史最早可以追溯到 1983 年国际农业发展基金在内蒙古执行的项目，这是国际组织首次将小额信贷模式介绍到中国。1993 年，中国社会科学院农村发展研究所借鉴孟加拉国乡村银行模式，成立了扶贫经济合作社，是我国第一个有意识地结合我国国情特点的公益性小额信贷组织，标志着我国公益性小额信贷的真正开始。20 世纪 90 年代末，由于公益性小额信贷的扶贫成绩显著，公益性小额信贷模式被大量应用到我国的扶贫领域，成为国家扶贫开发的一个重要手段，农村最重要的金融组织——农村信用社也开始介入公益性小额信贷。21 世纪初，公益性小额信贷在改善农村金融格局、提升农户尤其是贫困农户的信贷可获得性方面发挥了重要的作用。

中国公益性小额信贷经过二十多年的发展，经历了学习、借鉴阶段，到本土化适应中国农村金融需求发展。本书结合杜晓山（2008）的分类和典型机构——中和农信的发展经历，将公益性小额信贷的发展分为起步实验探索阶段、扩张阶段、创新和制度化建设阶段及转型发展四个阶段。

（一）第一阶段：起步实验探索阶段（1993—1999 年）

在这一阶段，公益性小额信贷是由社会团体或非政府组织主要利用国外和自筹资金进行小范围试验，资金来源主要是依靠国际捐助和软贷款①，重点探索的是孟加拉国乡村银行模式在我国的可行性，运行机构是半官方或民间机构的项目化运行。这一阶段没有相应的政策或法规依据，公益性小额信贷处于法律边缘地带。就连 1993 年成立的"扶贫经济合作社"，直到 1999 年才得到中国人民银行的批复，同意按照试验项目继续开展试验活动，进入传统的合法运作范围。随后，商务部交流中心的公益性小额信贷项目也得到人民银行的认可。但是，国家对非金融公益性小额信贷机构的政策规定仍是不允许吸收公众储蓄。

这一阶段也是公益性小额信贷理念在中国发芽培养阶段。我国公益性小额信贷的先行者针对当时农村经济发展环境并结合格莱珉银行实践经验，思考公益性小额信贷根本理念在我国实践的可能性：对穷人是需要贷款还是赠款？穷人讲不讲信用？实践结果表明，贷款相比于赠款而言，贷款更能在心理上和行为上改变穷人的思维和心理习惯，更容易培养他们的自我发展能力，促进他们脱贫。实践也表明，穷人是讲信用的。这些理念的思考和澄清，有助于公益性小额信贷在我国后续推广和发展。

（二）第二阶段：扩张阶段（2000—2004 年）

这一阶段，社会团体或非政府组织继续开展公益性小额信贷项目试验，同时因其扶贫成就，公益性小额信贷被纳入国家扶贫领域范畴，作为一种开发式扶贫方式被重视和推广，农业银行和农业发展银行开始介入。政府从资金、人力和组织方面积极推动，并借助公益性小额信贷这一金融工具来实现"'八七'扶贫攻坚计划"的目标，其扶贫功能得到充分的显现和发挥。2001 年国务院扶贫办也下文，同意中国扶贫基金会作为小额信贷扶贫试点单位，得到国家正式认可。

---

① 软贷款，指利率低于市场水平、偿还时间比一般银行贷款长的贷款。但软贷款没有宽限期，在这段时间内，只需支付利率或服务费。

作为传统金融机构的农村信用社，在中国人民银行的推动下，全面施行并推广小额信贷活动。从 2000 年起，农村信用社开展了农户小额信贷和农户联保贷款试点。此外，针对下岗失业人群的城市小额信贷实验也开始起步。到 2002 年年底，全国有 30710 个农村信用社开办了此项目，占农村信用社总数的 92.6%，两种小额信贷余额共近 1000 亿元，获贷农户 5986 万户。[①] 这一阶段，农村信用社作为农村传统金融机构逐步介入和快速扩展公益性小额信贷实验，并以主力军的身份推广公益性小额信贷。

在这一过程中，由于制度上的受限，公益性小额信贷机构在地方设立的机构是独立机构，受机构和地方政府的双重管理，导致机构管理上的"双重领导"困局。如中国扶贫基金会的小额信贷项目在放款对象和资金使用上受到地方政府的干扰，致使一些地方的项目运营出现问题，也促使机构开始思考管理规范问题。

（三）第三阶段：创新和制度化建设阶段（2005—2008 年）

2004 年年底，中央出台了《基金会管理条例》，规定慈善组织在地区可以设立自己的分支机构。2005 年，中国扶贫基金会小额信贷率先建立直属分支机构开展信贷业务，小额信贷业务由项目型向机构型转型。同年，引进国际化的小额信贷专业管理软件，在管理上向国际管理规范靠近，从产权到治理结构、管理体系、信贷操作等方面实行系统的制度化建设，解决了管理上的"双重管理"问题，厘清了治理结构，发展规模、资金需求规模迅速扩大。

这一阶段，中国扶贫基金会小额信贷体系开始成熟，在管理体制上由项目部制转型为企业管理体制，金融产品设计上也开始创新传统格莱珉银行模式，根据客户需求量身定制金融产品，这些为后续发展奠定了坚实基础。

（四）第四阶段：转型发展阶段（2009 年至今）

自 2005 年，政府出台了一系列政策，放开农村金融，鼓励农村金融多元化发展。2005 年，中国人民银行开始倡导商业性小额信贷，

---

① 中国小额信贷联盟：http：www.chinamfi.net。

在山西、陕西、四川、贵州、内蒙古五地推行试点。2005 年年底，山西平遥的晋源泰和日升隆两家小额贷款公司作为首批商业性小额贷款公司挂牌成立。2006 年，银监会发布《关于调整放宽农村地区银行业金融机构准入政策更好支持社会主义新农村建设的若干意见》，以"低门槛、严监管"为特点，开放农村金融市场。同年，中国邮政储蓄银行挂牌；此前，邮储已开展农村小额信贷业务试点。2007 年，中国银监会批准的首家村镇银行——四川仪陇惠民村镇银行正式挂牌成立。2008 年，中国银监会与中国人民银行联合发布《关于小额贷款公司试点的指导意见》（23 号文）。2009 年，银监会发布《小额贷款公司改制设立村镇银行暂行规定》，规定了小额信贷公司转制为村镇银行的准入条件、程序和要求以及后续的监管问题。这些政策的改变为公益性小额信贷的转型提供了机遇。在这一阶段，管理部门试图从法律上承认并鼓励民间资本和外资进入小额信贷业务领域，将之作为解决农户和中小企业融资问题的方式之一，以弥补农村地区金融供给不足和竞争不充分的问题，并使之成为农村金融体系的一个组成部分。正如人民银行副行长易纲所说："商业性小额信贷机构是农村金融整体框架的一个非常重要的组成部分，因为商业性小额信贷既可以被视为是在政策性的农村社会发展目标和商业性的可持续与盈利原则之间，走出的一条超越传统农村金融的创新之路，也可以被看作在我国特殊的历史和制度环境中，对私人资本开放农村金融市场的一次审慎尝试。"[1]

正是这些政策的转变，为公益性小额信贷转型提供了基础和机遇。

从 2009 年开始，中国扶贫基金会小额信贷事业部从 NGO 转型到小型金融公司，即实现公司化运营，按照"全国连锁"的方式，建立了一套成熟完整的矩阵式管理体系，搭建了较为完善的公司化组织架构，即总部在北京，负责分支机构的人员招聘、技术培训和监督管理，总部实行贷款的审核、发放和回收。每个项目县建立一个专门的

---

[1]　易纲：《在"小额信贷高级培训班"上的讲话》，《小额信贷通讯》2008 年第 3 期。

小额信贷分支机构,用市场化模式招聘、录用、考核、管理员工。如此一来,基层项目县的管理相对单一化、标准化、职业化。内部治理结构上,实现从总部,到区域办公室,再到县级分支机构的三级管理体系,建立了业务部、风险管理部、内部审计部和职能部门的四线管理体系。这些措施,提高了经营效率和运营能力。

转型后的中和农信小额信贷业务飞速发展。2011 年有效贷款客户首次突破 10 万户,年度放开额超过 10 亿元,成为中国扶贫基金会小额信贷业务发展史上的里程碑,也推动其成为中国最大的公益性小额信贷机构。

目前,公益性小额信贷机构虽然实现了转型发展,但发展上依然面临着合法身份定位和资金扩张的"瓶颈"问题,制约公益性小额信贷机构的扩张和可持续发展。

二 主要机构

据不完全统计,我国公益性小额信贷组织高峰时期达 300 多家,但截至 2014 年 8 月仅剩下 40 多家①,包括了联合国开发计划署(UN-DP)体系下的甘肃省定西市安定区城乡发展协会、贵州普定 UNDP 项目办、湖南湘西州民富鑫荣小额信贷服务中心、天津市妇女创业发展促进会等在内的 20 家;联合国儿童基金会系统下的甘肃省渭源县贫困地区儿童规划与发展项目办、青海省贵南县 LPAC 项目办等在内的 4 家;国际计划体系下的陕西西乡妇女发展协会、陕西省佳县妇女可持续发展协会在内的 4 家;在中国社会科学院扶贫经济合作社系统下的河南省虞城县扶贫经济合作社等 4 家;以及中国扶贫基金会、宁夏惠民小额贷款公司与北京富平学校等。

(一)中国社会科学院的扶贫经济合作社

中国社会科学院农村发展研究所扶贫经济合作社成立于 1993 年 9 月,是我国最先采用格莱珉模式实现扶贫到户的公益性小额信贷组织。

---

① 搜狐公益:http://gongyi.sohu.com/20140830/n405167207.shtml,2014 年 8 月 30 日。

1993 年，扶贫经济合作社先后在河北易县、河南南召和虞城、陕西丹凤、河北涞水及四川金堂县建立 6 个公益性小额信贷扶贫试验点。在先后创办的 6 个扶贫经济合作社中，陕西丹凤县因政府向该县投入大量扶贫资金而停办，四川金堂扶贫经济合作社与省扶贫办合作由扶贫办接管。课题组边研究边试验，完成了一批带有创新性的科研成果，在公益性小额信贷扶贫理论研究中做出了一定的贡献。同时也通过试验点直接对贫困农户提供了信贷帮助和其他一些扶贫活动。先后共投入贷款资本金 1700 多万元，累计发放贷款超过 1.2 亿元，历史上曾经获贷款支持的贫困户达 16000 户，累计受益农户 4.5 万户，覆盖贫困人口约 18 万人。

1999 年，经中国人民银行、国务院扶贫办和国务院办公厅的批准，扶贫经济合作的小额信贷试验继续运行，成为我国首个获得政府部门许可运营的公益性小额信贷机构。但在后来的经营中，由于存在后续资金不足、监管模式松散等问题，扶贫经济合作社面临严重的可持续发展问题。2013 年 6 月 20 日，正式被中国扶贫基金会的中和农信接管。

扶贫经济合作社自 1993 年成立以来，走过了曲折的发展道路，既取得了辉煌的成就，也经历了巨大挑战，扶贫经济合作社的成长，不仅开拓了中国农村扶贫的思路，其经验与教训为其他小额信贷扶贫机构提供了借鉴。

（二）商务部中国国际经济技术交流中心的公益性小额信贷

商务部中国国际经济技术交流中心是商务部所属的管理国际合作项目的专门机构，交流中心公益性小额信贷项目起源于 1994 年联合国开发计划署（UNDP）在中国启动的"扶贫与可持续发展"大规模项目，公益性小额信贷是其中之一。1995 年年底，交流中心组织学习中国社会科学院农村发展研究所正在实践的格莱珉银行模式。1998 年年底，为支持全国小额信贷机构的发展，交流中心专门成立了小额信贷支持与协调办公室。在 2000 年，交流中心已经在中国 17 个省的 48 个县以及天津市开展了公益性小额信贷扶贫，共投入 9000 万元人民币，直接支持了大量贫困人口，每年贷款户保持在 5 万户左右。

交流中心对小额信贷的组织管理，主要依靠县、市政府的扶贫办和妇联，并由相关部门共同组成了一个办公室或工作组开展工作。对于 48 个县小额信贷工作的总协调，由交流中心的小额信贷处负责。在十多年的发展中，有些县、市的项目由于各种原因暂停，但大多数项目还在坚持，且涌现出不少优秀项目，如内蒙古赤峰市的昭乌达妇女可持续发展协会。

2001 年，交流中心与联合国开发计划署再次合作，目标是打造几个能独立运行、自负盈亏的可持续小额信贷扶贫示范项目。选择内蒙古赤峰市、贵州兴仁县、四川声仪陇县和甘肃定西市四个县市的项目做试点，在原来小额信贷的基础上，完善治理结构，调整信贷产品，强化管理制度，提高员工能力，以协会的名义注册社团法人，积极开展各项改革。目前，这些试点项目已经初步实现了自负盈亏、持续发展。

2002 年，在河南省郑州、洛阳、焦作等地开展针对下岗职工的公益性小额信贷担保项目。2010 年前后设立第三期项目，目标是在中国建立普惠金融体系的公益性小额信贷。

交流中心小额信贷项目不仅为贫困地区广大农户提供了雪中送炭的信贷服务，还直接推动了小额信贷在中国的实验、示范和推广，推动了有关政策和监管的出台。受联合国开发计划署小额信贷项目成功经验的影响，四川省仪陇县开办了全国第一家村镇银行。交流中心小额信贷项目积累了丰富的管理经验，形成了一整套项目管理制度，培育了一支小额信贷专业管理队伍，成为国内很有影响力的专业机构。

但在发展过程中，因操作成本太高，资金来源渠道受限，机构规模难以扩大，可持续发展艰难。交流中心小额信贷项目面对挑战，不断研究和吸收国内外有益的经验教训，对农村金融发展形成了新的思路和策略，转而开始探索农民合作社内的资金互助模式，也就是农民合作金融模式创新。目前，这一创新已经得到中央认可，党的十八届三中全会决议和 2017 年中央一号文件都明确鼓励发展农民合作社内的资金互助业务。

目前，交流中心在西南地区开始了以农民资金互助为核心的农村金融创新实验示范项目，希望通过项目试点形成一套有利于资金互助业务发展的规范管理方法，避免重蹈农村合作基金会的覆辙。

（三）中国扶贫基金会的公益性小额信贷

中国扶贫基金会是由国务院扶贫办主导成立的以扶贫为宗旨的公益性社团组织，其小额信贷项目最初来源于世界银行项目。1996 年西部人力资源中心利用世界银行的贷款在陕西和四川开展公益性小额信贷扶贫试点。后来，项目转入中国扶贫基金会并成为一个独立的部门，即小额信贷项目部。

2008 年年底，中国扶贫基金会小额信贷项目部改制成为中和农信项目管理有限公司（以下简称中和农信），2009 年 1 月 1 日正式运营，成为独立的法人企业。改制后的中和农信继续秉承中国扶贫基金会小额信贷项目的扶贫宗旨和目标，致力于为那些从传统金融机构无法获得贷款支持的农村贫困人口（特别是贫困妇女）提供无须抵押的公益性小额信贷，并帮助她们提升自立能力，稳定摆脱贫困，朝着建立中国的"穷人银行"的目标迈进。

目前，中和农信已经成为国内非政府组织中规模最大的公益性小额信贷扶贫机构。

近年来，中和农信发展迅速，效果显著。截至 2017 年 3 月，中和农信项目已覆盖到全国 19 个省、市、自治区，245 个县，3754 个乡镇，76671 个行政村；项目分支机构达 222 家，其中 81% 在国家级或省级贫困地区；中和农信全国员工总数超过 3356 名，累计发放贷款 202 亿元，贷款余额 48.63 亿，户均余额 12775 元。累计支持帮助了超过 400 万客户，其中 90.7% 为女性客户，农户比率达 93.41%。[①]

扶贫效果上取得了显著的成绩。以山西省左权县为例，2006 年通过中国扶贫基金会的小额贷款，贷款客户平均每户增加收入 415 元，其中有 30% 的贷款农户每 1000 元贷款增收 500—600 元；有 60% 的贷款农户每 1000 元贷款增收 300—400 元；另有 10% 的贷款农户每 1000 元贷款增收 150—250 元。十几年来，中国扶贫基金会公益性小额信贷项目部累计向 15 万多农户发放小额贷款近 6 亿元，共有 60 多

---

① 中和农信：《中和农信小额信贷项目进展简报》，2017 年 3 月 31 日。

万贫困人口直接从中受益。其中，2008年共发放小额贷款3.8万多笔，放款超过1.8亿元（户均贷款不足5000元）。①

中和农信2016年12月获得蚂蚁金服、国际金融公司（IFC）以及天天向上基金的战略投资，发展不断迈上新台阶。

（四）全国妇联的公益性小额信贷

农村妇女占我国农业劳动力的65%以上，她们是促进农业经济结构调整、维护农村社会稳定的重要力量。妇联开展面向广大农村妇女的公益性小额信贷服务，对帮助农村妇女增收致富具有积极意义。妇联开展的公益性小额信贷，除部分由地方妇联独立组建机构直接从事公益性小额信贷扶贫外（如天津市和赤峰市），大多数是与其他公益性小额信贷机构合作。多年来，各级妇联与农业银行密切配合、通力合作，积极开展农村妇女公益性小额信贷工作，在促进农村妇女增收致富方面取得了成效，积累了一定的经验，成为我国公益性小额信贷领域里的一支重要力量。

（五）联合国儿童基金会和人口基金的公益性小额信贷项目

联合国儿童基金会和人口基金依托商务部国际司，与贫困地区的地方政府合作开展公益性小额信贷项目。这两个机构主要关注妇女儿童生育健康和医疗，一部分是以设备援助和资金投入的方式开展活动，另一部分是以公益性小额信贷的方式资助妇女看病。联合国人口基金先后在我国的15个县开展扶贫项目，儿童基金会先后在我国的50多个县实施扶贫项目。联合国机构的项目时间一般为3—5年，在项目期满后，公益性小额信贷能否坚持下去，主要在于当地政府的态度。当地政府重视的，就坚持下来，否则就停止了。目前，联合国人口基金和儿童基金会仍有1/3的公益性小额信贷项目在运行，如联合国人口基金甘肃通渭县、联合国儿童基金会内蒙古乌审旗和云南龙陵县的项目，因有专门人员管理，具有比较完善的管理制度，取得了良好的效果。

---

① 中和农信公司网站：http://www.cfpamf.org.cn/。

（六）中国小额信贷联盟

在公益性小额信贷发展过程中，值得一提的是小额信贷行业组织的联合机构。21 世纪初，为了解决非政府、非营利的公益性小额信贷机构共同面临的问题，建立公益性小额信贷行业协会的设想应运而生。2003 年年底，由中国社会科学院农村发展研究所、商务部中国国际经济技术交流中心和全国妇联妇女发展部联合发起，成立了中国公益性小额信贷行业协会。

2005 年 11 月 9 日，中国小额信贷发展促进会正式成立，其主要功能为：（1）政策协调。通过政策研究和讨论，为公益性小额信贷机构谋求发展的政策环境，并提供政策指导。（2）行业自律。协助国家金融管理部门对公益性小额信贷机构进行统计，披露行业信息，建立行业标准，编制管理指南，开展机构评估和评级。（3）信息交流。开展信息和人员交流及相关服务。（4）技术支持。为公益性小额信贷机构提供技术支持和培训，提高他们的管理水平。（5）筹资服务。通过与国内外各种援助和投资机构广泛合作，为公益性小额信贷机构筹集更多的发展资金。①

在 2010 年 9 月 17 日召开的中国小额信贷发展促进网络的年会上，经出席会员代表大会的全体会员机构代表一致通过，将中国小额信贷发展促进网络正式更名为中国小额信贷联盟，其会员由公益性小额信贷组织扩展到小额贷款公司和从事小额信贷业务的商业银行。截至 2014 年 12 月 31 日，联盟的正式会员机构为 193 家，覆盖全国 29 个省市。

三　区域分布②

中国公益性小额信贷覆盖了全国大多数省份，尤其在中西部地区。根据 2005 年、2006 年和 2007 年中国公益性小额信贷发展促进网络成员统计，除了海南、广东、浙江、上海、山东和江苏，其他地区都有公益性小额信贷项目在运作。

绝大多数公益性小额信贷项目集中在西部地区，尤其是甘肃、广

---

① 中国小额信贷联盟网：http://www.chinamfi.net。
② 鉴于目前公益性小额信贷没有一个统一的数据，故以以前的区域分布数据来说明。

西、云南、贵州、陕西、四川和青海这些国家级贫困县比较多的省份，西部地区的公益性小额信贷项目机构有 61 个，占项目总数的 54.5%，东部地区 26 个，占总项目数的 23.2%，中部地区 25 个，占总项目数的 22.3%（见表 3 - 3）。这种情况与我国贫困地区的分布是相吻合的，符合公益性小额信贷扶贫功能设计的初衷。

表 3 - 3　　　　　　　2007 年公益性小额信贷机构地区分布

地区	省份	运营机构数（个）	比重（%）
东部地区	福建	8	7.14
	河北	7	6.25
	天津	1	0.89
	辽宁	10	8.93
中部地区	湖南	4	3.57
	湖北	2	1.79
	江西	3	2.68
	河南	9	8.04
	山西	6	5.36
	吉林	1	0.89
西部地区	贵州	5	4.46
	广西	5	4.46
	甘肃	9	8.04
	青海	9	8.04
	宁夏	3	2.68
	内蒙古	3	2.68
	四川	9	8.04
	陕西	7	6.25
	重庆	2	1.79
	云南	6	5.36
	新疆	3	2.68
全国合计		112	100

注：a. 本表机构数是 2007 年中国小额信贷联盟会员数与中国扶贫基金会公益性小额信贷项目部的项目数之和，数据只是统计了比较大型的公益性小额信贷组织。b. 因四舍五入，比重之和可能不为 100%。余同。

另外，也可以从中国扶贫基金会中和农信的项目区域分布情况（见附件）看出，81%项目分布在国家级、省级贫困县，公益性小额信贷的扶贫目标和宗旨非常明确。

四　组织规模①

公益性小额信贷组织的规模一般都比较小，但总量还是比较大的，表3－4是2006年、2007年全国公益性小额信贷总量的情况。

表3－4　　　　　　　　小额信贷联盟全部贷款余额规模

年份	贷款余额总额（元）	客户数量总额（户）	信贷员数量（个）	净利润（元）
2006	463736555.12	80974	589	6733529.29
2007	335545892.57	89035	353	5069035.07

资料来源：中国小额信贷联盟网，http：//www.chinamfi.net。

就单个公益性小额信贷组织来说，规模差异比较大。中国小额信贷联盟2007的年报数据显示，在44个有统计数据的公益性小额信贷组织中，贷款余额在1000万元以上的有3家，占总数的6.8%；在500万—1000万元的有8家，占总数的18.1%；100万—500万元的有25家，占56.8%。其他小于100万元的有8家，占18.1%。由此可见，大多数公益性小额信贷组织的规模在100万—500万元贷款规模，大于1000万元的只有3家，仅占6.8%。以上数据表明，小额贷款组织的规模总体来说并不大（见表3－5）。

表3－5　　　　　　　　　　2007年贷款余额规模

	100万元以下	100万—500万元	500万—1000万元	1000万元以上
机构数（个）	8	25	8	3
比重（%）	18.2	56.8	18.2	6.8

注：需要补充的是，2007年数据中，中国扶贫基金会的公益性小额信贷数据没算在内。
资料来源：同上。

———————

①　鉴于目前公益性小额信贷没有一个统一的数据，故以以前的组织规模和中和农信现在的规模数据加以说明。

此外，贷款有效客户数也是反映公益性小额信贷组织规模的一个重要数据。据中国小额信贷联盟有统计数据的会员，共有 89035 户。其中，在 44 个会员机构中，贷款户在 500 户以下的有 5 个，占 11.3%；500—1000 户的有 11 个，占 25%；1000—5000 户的有 23 个，占 52.2%；5000 户以上的有 5 个，占 11.3%，如表 3 - 6 所示。

表 3 - 6　　　　　　2007 年有效客户数规模（2007 年数据）

	500 户以下	500—1000 户	1000—5000 户	5000 户以上
机构数（个）	5	11	23	5
比重（%）	11.4	25.0	52.2	11.4

注：这里的数据也没有将中国扶贫基金会公益性小额信贷项目部的数据统计在内。

资料来源：中国小额信贷联盟网，http://www.chinamfi.net。

在公益性小额信贷发展过程中，少数机构呈现出良好的发展势态，不断扩大规模，服务于更多的农户，其中中国扶贫基金会的公益性小额信贷表现得最为突出。①

————————————

① 中和农信：《中和农信小额信贷项目进展简报》，2017 年 3 月 31 日。

第四章　公益性小额信贷核心制度分析

公益性小额信贷之所以能实现为穷人提供金融服务的目标，其基础是制度创新，建立了一套适合于农村金融市场特点的制度。这些核心制度包括团体贷款制度、动态激励机制、分期还款制度。正是这些制度有效地规避了传统金融机构所面临的风险，降低了交易成本和信息不对称所引起的风险，为公益性小额信贷机构的可持续发展创造了条件。

第一节　团体贷款制度

一　团体贷款制度

传统金融机构借助于完善的金融市场和法律制度与信贷客户建立信贷关系，他们能收集到个人的信用信息，有一套完整的评价体系，并以此对客户进行筛选，这些信用体系决定了客户贷款的种类、数量和期限。但公益性小额信贷机构并没有条件也付不起高昂的成本来收集农户的这些信用信息，而是利用团体贷款制度取代了这些完善的信用信息，取得了同样的成效。通过团体贷款制度的作用机制，自动将那些风险较高的潜在借款者排斥在小组之外，将由于信息不完全而产生的机构信贷风险责任大部分转移到团体成员之间，实现贷款机构交易费用的降低。

团体贷款制度就是一种小组联保制度，即每一个小组成员都对他人的贷款进行共同担保。在这些借款人自愿组成的小组里，个体借款人被捆绑到一起，他们彼此承担担保义务，履行互相监督的责任，并在同伴发生损失的时候以自己的利益承担部分损失和责任，如果其他成员不给予帮助，所有的小组成员都不能再获得新的贷款，失去了新的信贷机会。如河北易县扶贫经济合作社公益性小额信贷运作方式，即每5户组成一个小组，分三批放款；先贷2人，还贷正常，约一个月后再对以后2人放贷，否则停止放贷，并收回首批贷款，最后再贷款。团体贷款将个人信用置于团体的监督和约束之下，实质是承担了信用工具的作用，公益性小额信贷机构的违约率反而比商业银行更低。有研究表明，这种自动的信用发现功能有助于降低公益性小额信贷的市场利率、提高贷款的偿还率并可以提高社会福利水平（焦瑾璞、杨骏，2006）。

二 团体贷款机制之一：互惠型共生融资机制

所谓共生，本来是指生态学平衡意义上的共栖关系，即指不同种属的生物在一定条件下互相依赖、相依生存在一个大系统之中，各自都能获得一定的利益而共同生存。共生既是生物现象又是社会现象，既是自然状态又是可塑状态，既是生物识别机制又是社会科学方法，如今早已被广泛地运用到众多社会科学领域。从经济意义上说，共生是指经济主体之间存续性的互动关联关系，是经济社会中不同经济主体之间相互依存演进、相互促进发展，借鉴了生物学的共生理念。经济共生是指在性质和规模互有差异的经济组织之间、政府与企业之间、金融和地区经济发展之间在同一共生环境下的多样化交互及协同和谐发展过程，包括共生单元、共生环境和共生模式三种基本要素。一般情况下，共生经济实现共享互补，即基于优势资源互补的各方放大经济共荣状态，经济单元彼此之间的相互依赖性越强，其共生效益就越好。

格莱珉乡村银行以五人小组制度（5人为一个小组，每8个人为一个中心）构筑了穷人间的"会员—联保—乡村中心"的利益共同体，形成独具特色的联保贷款制度，取代了商业性贷款所固守的担保抵押制度，有效解决了没有抵押品的风险控制问题，并把部分组织成本转移到小组或中心，从而减少了交易成本和信息不对称的风险。这种义利兼顾的制度其实是建立了一种以信誉链和合约为基础的互惠共生融资模式，集合了金融和非金融的制度安排，形成一种介于企业和市场的中间性体制，兼具提高效率和节省交易成本的优势，从而有效化解了穷人融资难的问题。团体贷款制度就是一种典型的互惠型共生机制，团体内成员互惠、互利、互相牵制，实现共同发展。

三　团体贷款机制之二：社会资本的扩散与整合

团体联保贷款制度集合了金融与非金融制度安排，利用社会资本的扩散与整合效应，形成了互惠共生性的融资机制，同时作为内在的社会和文化黏合剂的社会资本功能得到了巩固和提升。

社会资本是由社会学家布迪厄最早正式提出，后经科尔曼、普特南、林南的不断扩展，形成了比较完善的社会资本理论体系。社会资本是通过社会关系获得的资本，是一种社会财产，它借助于行动者所在网络或所在群体中的联系和资源而起作用（林南，2005）。社会资本是一种嵌入在社会网络中的资源，这种社会资源存在于一个相互熟识和认可的、比较持久的网络中。

社会资本是一种和物质资本、人力资本相区别的存在于社会结构中的个人资源，它为结构内的行动者提供便利的资源，它是镶嵌在一定社会团体中的社会关系，这个社会团体内的人们容易互相熟悉并结成密切的社会网络，同时个体必须遵循其中的规则才能获得社会资本。公益性小额信贷的团体联保贷款制度，正是利用了社会资本的特点，即团体行动者为了实现自身利益，相互进行各种交换，其结果形成了持续存在的社会关系。这些社会关系不仅被视为社会结构的组成部分，而且是一种社会资源，并在团体贷款成员之间形成一种场域，将实际的或潜在的资源集合起来，分散给参与行动的各个社会个体。

布迪厄认为，通过成员之间的联系，成员可以将社会资本作为信贷使用。在这个意义上，社会资本是一种赋予成员信贷的集体资产，当成员在关系中继续投资时，它的功能也得到维持和强化。[①] 公益性小额信贷的团体贷款制度，就是在相互熟悉的人之间建立一种社会关

---

① 参见［美］林南《社会资本——关于社会结构与行动的理论》，张磊译，上海人民出版社 2005 年版，第 22 页。

系网络，这一关系网络是大家共同熟悉的，得到公认的，而且是一种体制化的网络，这一网络是同某团体的会员制相联系的，它从集体性拥有资本的角度为每个会员提供支持，提供为他们赢得声望——信用的凭证。

四　团体贷款机制之三：监督与执行

团体贷款机制要求成员之间互相承担联保责任，由此形成的共同责任，能够有效促成联保小组成员之间对于借款进行自动的监督，并督促贷款按照既定的投向执行，进而降低信贷活动中的道德风险。

团体监督与执行博弈过程：假定现有两类投资项目：一类是安全项目，另一类是风险项目，其中，安全项目以100%的概率获得收益 Y，风险类项目的成功和失败的概率分别是 P 和 $1-P$（P 小于1），如果成功则有收益 Y_t（$Y_t > Y$），如果失败则收益为零，并假定其他条件维持不变。一般而言，受信息不对称和监督成本过高的约束，作为外部人的贷款机构，要对贷款使用情况进行完全的监督是很困难的。在这种情况下，借款人就可能在合约签订后，为了更高的收益 Y_t 而擅自改变借款投向，增大贷款机构的风险。而在一个两人联保贷款小组中，由于存在团体贷款机制即联保责任，如果成员 A 选择冒险项目，则意味着一旦投资失败，成员 B 就要承担相应的连带责任。为规避这一风险，针对成员 A 的冒险行为，成员 B 也会采取相应的策略行为，即把自己的贷款投向从约定的安全项目改变为风险项目，这样一来，一旦投资失败，成员 B 也可以向成员 A 转移风险。结果，成员 A 和成员 B 就将在"你冒险我也冒险，你安全我也安全"的模式下达成一致意见。也就是说，在一个两人联保小组中，一旦一方采取了冒险行为并很快被对方知道，那么对方也会随之采取相似的行为，导致博弈均衡由"安全投资，安全投资"转向"冒险投资，冒险投资"（见表4-1），双方的预期收益都受到损失。为避免两败俱伤，成员 B 和成员 A 便都会自动地倾向于加强对对方贷款投向的监督。这样一来，小组联保机制就实现了监督和执行的功能，保证了小组内借款人具有足够的激励从事安全投资而避免采取冒险行为。

表4 - 1　　　　　一个两人联保贷款小组对投资过程的监督博弈

		成员 A	
		冒险投资	安全投资
成员 B	冒险投资	冒险投资，冒险投资	冒险投资，安全投资
	安全投资	安全投资，冒险投资	安全投资，安全投资

此外，共同责任、社会处罚对信贷偿还具有激励作用。对此，贝利斯和寇特（Belsley and Coate）借助一个由两人组成的信贷小组的多阶段博弈模型，进行了令人信服的分析。[①] 他们认为，尽管小组成员都有违约和偿还的两种可能性，但是一旦连带责任的支付足够高，那么小组成员之间的偿还博弈最终只能是两种结果，要么所有成员都偿还贷款，要么集体违约都不偿还贷款，而不会出现一部分成员偿还，另一部分成员违约的情况。因为在小组贷款中，由于部分成员违约会给其他成员带来额外的成本，违约者会引发其他成员的愤怒，在同伴压力的作用下，想违约者都不得不偿还贷款。同时，如果小组成员都处于同一个联系紧密的社会群体即熟人社会中，那么名誉与地位损失、集体放逐等社会形式的社会惩罚也将给违约者带来很大的社会压力，促使其偿还贷款。贝利斯和寇特认为，主要有两种社会惩罚构成了违约者的压力：一是警告违约者，如果不还款，将会给他们带来一定的物质损失，如再也借不到贷款，同时还要对违约者的违约行为进行大量的传播；二是将来不再跟违约者合作，形成集体放逐，如在生产上、交往上等多方面将违约者排除在社区活动范围之外。在这种情况下，违约的成本将远远超过因为违约而带来的收益，使违约行为成为一种不合适的选择。其结果是，将会促使违约者想方设法偿还贷款，而不是违约。

实践中，团体联保制度已经成为公益性小额信贷成功的一个关键制度。借款者通过自我选择，自愿组成一个小组，小组成员通常具有

---

① 参见陈军、曹远征《农村金融深化及评析》，中国人民大学出版社2008年版，第84页。

相同的社会文化（包括社会地位）、经济水平和经济能力，他们共同承担着彼此的违约责任，有效促进了还款率的提高。孟加拉国乡村银行贷款偿还率高达99%；我国的中国扶贫基金会公益性小额信贷项目偿还率也高达98%以上。

第二节　动态激励机制

一　动态激励机制的概念

动态激励机制就其本身来说，是指在多起重复博弈的环境中，将借贷双方对未来的预期和对历史记录的考察纳入合理框架内，设计的能够促进借款人改善还款行为的机制（焦瑾璞、杨骏，2006）。也就是说，公益性小额信贷机构通过最初的小额借款，获得贷款者的真实信用水平，并逐步增加该借款人的贷款额度，以促进借款人的还款行为，这是一种正向激励机制，这种机制也被称为累进贷款（progressive lending）或分布贷款（step lending）。

动态激励机制可以分为两类：第一类是简单的重复博弈，借款人偿还债务的情况比较好的话，他就可能反复得到相同的信贷服务，而如果借款人发生拖欠或者违约行为，他再次获得贷款服务的可能性就会随之降低，甚至再也得不到借款的机会。第二类是在第一类的基础上，还款表现良好的借款人将可望在后续借款活动中得到更高额度的借款，即贷款额度累进。

实践证明，动态激励机制是公益性小额信贷行之有效的风险管理手段之一，是公益性小额信贷借以逐步了解借款人的信息和信用来达到规避风险的一种制度设计。这种制度可以有效地解决信息不对称及偿还违约问题带来的风险，同时，还可以提高借款人还款的积极性。

二　动态博弈分析框架

博弈论译自英文"game theory"，指的是游戏理论。博弈是指参与人在一定的规则下，同时或先后一人或多人从各自利益出发而做出的选择并加以实施取得结果的过程。博弈论就是系统研究具有上述特征的博弈问题，寻求各博弈方合理选择的背后原因，并对之加以分析讨论。

　　博弈涉及的要素有参与者、行动、信息、规则和均衡。也就是参与者在一定的规则下，根据信息和规则做出自己的行动战略，并加以实施，取得一种均衡。在这里，信息对参与者来说是非常重要的因素，是决定参与者做出行动选择的重要依据。博弈中最重要的信息之一就是关于策略收益的信息，即每个参与者在每种策略选择下所获得的收益。如果参与人完全了解所有参与人各种情况下的收益信息，这种情况被称为完全信息。如果参与人不完全了解其他参与人的收益，则该参与人具有不完全信息，称为不完全信息博弈。一般情况下，信息是不完全的，完全信息的情况是很少发生的。但参与者可以根据信息了解的状况而随时改变策略选择，这就形成了动态博弈过程。动态博弈同时也是一个信息完全化的过程，是参与者逐步了解信息的过程。

　　公益性小额信贷市场是一个参与者众多、市场力量不均衡、信息相当不对称的系统。在这个市场中，完全信息和完全竞争都不存在，机构和信贷者之间形成了不完全信息博弈关系。为降低交易风险，公益性小额信贷机构通过动态激励机制在借款人与机构之间设置了一个重复博弈框架。公益性小额信贷机构采用的动态激励合约规定，如果借款人能每期按时足额偿还贷款，那么将会在下一期或者未来得到一笔额度更高的贷款，而如果借款人在某一期违约，那么它将再也不会得到任何贷款。这一制度的前提是贷款人具有资本规模报酬不变的生产函数，即单位产出数量不变，只是随着贷款额度的增加其产出呈等比例的提高和变化。那么，贷款人的第一期收入将是其产出 Y，如果他能按照合约的要求按时偿还贷款，那么他在后续各期的收入将分别是 $Y_t = a^{t-1}Y$，$(a \geqslant 1)$，a 为激励系数。当 $t = 1$ 时，$Y_t = Y$，设借款利率为 i，借款人对未来收入的贴现率为 δ（$0 \leqslant \delta \leqslant 1$）。

　　即 $\sum\limits_{n=t}^{\infty} [f(y_n) - y_n(1+i)]\delta^{n-t} \geqslant f(y_t)$

　　从上述动态博弈条件可以看出：

第一，公益性小额信贷机构制定的利率不能太高，如果利率水平过高，借贷者的收益就会小于借贷收益，即 $[f(y_n) - y_n(1+i)]\delta^{n-t} \geqslant f(y_t)$，那么借贷行为就不会发生。

第二，激励系数 a 的大小将决定借款人的行为。因为 $Y_n = a^{n-t}Y$，当 a 越大，即贷款累积的速度越快，借款人的收益也越大，借款人违约的可能性就越小。

第三，借款人对未来收入的重视程度决定其违约的可能性大小。如果 δ 值越大，那么借款人违约的风险就越小，未来的收入期望增加，也就是利用未来的期望保证现在的行为。

因此，从上述分析来看，信贷机构需要帮助借款人形成一个长远的对未来收入增加的预期，只有这样，动态激励机制才会产生作用。如果借款人在第 t 次借款时就打算不还了，那么信贷机构有可能在第 $t-1$ 次就不放贷了；如果信贷机构打算在 $t-1$ 次就不放贷，那么借款人可能在 $t-2$ 次就不还款了。依次类推，可以发现，信贷机构只有在第一次就不放贷，才能保证没有任何风险。但如此一来，也就不会发生任何交易，就不存在信贷市场了。

除此之外，动态激励机制是否有效发挥作用，还受到其他方面因素的影响（焦瑾璞、杨骏，2006）：一是贷款对象是否稳定，因为只有贷款对象稳定的博弈过程，才更具有持久性和充分的未来预期。印度尼西亚人民银行发行在城镇的项目的还款率就低于在农村地区的项目，很大程度上是因为农村人口的流动性比城镇更低。同样，公益性小额信贷机构之所以青睐于将妇女作为主要贷款对象的原因，在一定程度上也是因为妇女相对于男子来说，其流动性更低。二是信贷记录是否完善。一个完善的信贷记录系统，便于公益性小额信贷机构查阅借款人的信用记录，如果借款人的违约记录并不影响他在其他信贷机构的借款行为的话，动态激励机制将不起作用。

三　动态激励机制缓解了集体违约的风险

团体贷款可能产生的一个风险是协同风险，也就是团体集体违约，动态激励机制有助于降低这种风险。在一个两人联保小组中，使用借款投资的结果可能会有以下三种情况：

第一种情况，两人用借款投资失败。此时，两人都不需要隐瞒收入，两人之间不存在监督还款的问题。

第二种情况，这两人投资有一人成功，而另有一人失败。由于动态激励机制的存在，投资成功者可能会去还款（我们称为主动还款），但也可能出现另一种情况，那就是，成功者隐瞒自己投资成功的事实而选择不还款。在这种状况下，投资失败者去揭露成功者隐瞒行为便成为可能。因为，考虑到"小组中至少一人还款相对于都不还款来说要更好一些的话"，揭露成功者的隐瞒行为对于失败者来说也是有利的。结果，投资成功者不论是自己主动还款还是被动还款，都会去还款。而对于信贷机构来说，一个人还款比两个人都不还款的风险要低，更加有利。

第三种情况，两人都投资成功。此时，有可能两人都隐瞒实际收入而不还款。但如果考虑到多期动态激励机制，在未来预期收益比较大的情况下，小组内的两个人都不会隐瞒自己的实际情况，而选择还款。因为这样做，是预期将来能从信贷机构得到更高额度的借款，来扩大未来预期的实际收入。当然，上述分析都是基于借款者的投资收益率要低于动态激励所能带来的预期收益的，否则便有了违约的可能。

第三节　分期还款制度

一　分期还款制度的概念

分期还款制度是公益性小额信贷的另一个金融工具创新，它要求借款者在借款和进行投资后不久，就开始在一定的期限分期还款，每次还款额根据贷款本金和全部利息之和除以总的还款次数来确定。孟加拉国乡村银行采取每周还款的方式，我国的公益性小额信贷组织刚开始是采取半月还款机制，后来在实际操作中对还款时间进行了改进和优化，一般采取月还款方式。现在，这一制度已经被正规金融机构广泛采纳并运用到抵押还款、信用卡还款等上面，成为一种比较普及的还款方式。

二 分期还款制度的作用

分期还款制度之所以存在并被推广，是因为它起到了及早发现风险、降低信贷机构风险的作用。具体表现在以下几个方面：

第一，分期还款制度利于早期发现那些企图借款不还或不守纪律的借款人，从而及时了解借款者获得信贷资金后的有关信息，及早发现信贷风险，避免所有的信贷风险在最后集中爆发，这可以为公益性小额信贷机构赢得更多的时间和机会尽量减少损失，是信贷机构自我保护的措施之一。

第二，分期还款制度有利于形成贷款机构和借款者的现金流，使贷款机构将借款者的现金流紧紧地控制在手中，以防止被挪为他用，缓解了信贷机构对信贷风险的忧虑。事实还证明，这种还款机制使得信贷机构拥有了充分的现金流，保证财务状况的健康运行。

第三，分期还款制度迫使借款者不停地寻求收入来源，而不是仅仅依靠借款运作项目，这样就增加了借款者的收入。

第四，分期还款制度实际上要求借款人将一次性还款分几次偿还，减轻了一次性还款的压力。

第五，分期还款制度还有一个显著的作用，就是当客户实际贷款额随着还款次数的增加而减少时，信贷机构的风险便逐步下降。

第五章　公益性小额信贷的功能

　　根据功能理论，功能可以分为核心功能和附属功能。核心功能概括了一种产品存在的原因，如果没有这种功能，它就不成为这种产品了；附属功能则是帮助实现核心功能，或者是在核心功能的基础上派生出来的所有其他功能。[①] 在此意义上，吴军等（2009）将金融机构的核心功能定位在管理风险，而且是以非标准化、内部化的方式管理风险。[②]

　　公益性小额信贷虽然为我国农村贫困人群提供小规模、分散的信贷服务，在我国农村金融创新发展过程中起到了助推作用，但并没有获得金融机构的法律地位，只是一种类金融机构，而且当初被引进的目的也是作为一种有效的开发式扶贫方式加以实践的，因此其核心功能是扶贫。1998 年中国共产党第十五届中央委员会第三次全体会议上通过了《中共中央关于农业和农村工作若干重大问题的决定》，确定了小额信贷是扶贫资金到户的有效做法。1999 年中央扶贫开发工作大会再次强调小额信贷的扶贫作用。为了能更有效地提升扶贫绩效和收回信贷资金，公益性小额信贷在制度上实行了创新，往往还提供其他服务，因此派生出其他功能，如社会资本获得、妇女赋权、推动农村金融创新等附属功能（见图 5 - 1）。

---

　　① 参见吴军、郭敏、何自云《金融制度：功能与机构》，对外经济贸易大学出版社 2009 年版，第 46 页。

　　② 同上书，第 64 页。

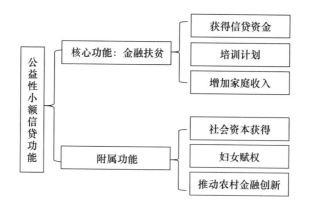

图 5 - 1　公益性小额信贷的功能

第一节　　核心功能：金融扶贫

作为类金融机构，公益性小额信贷区别于其他金融机构的最主要特点在于它的服务对象特殊，即一群被传统金融机构排斥在外的客户，这部分人大多是贫困人群，因为他们缺乏抵押物而不能从传统金融机构获得信贷。公益性小额信贷通过制度创新和服务下沉，为这部分人群提供小额度的信贷，解决他们在生产、生活中所面临的资金需求问题，并辅之以其他服务，如生产技能服务、金融知识培训、市场培训等，提高贫困人群资金的使用效率，从而改善他们的生产、生活，成为他们脱贫的重要桥梁，由"输血式"扶贫改为"造血式"扶贫，脱贫的可持续性、贫困人群的自力更生能力更强，这也契合了我国的"授人以鱼，不如授人以渔"的扶贫观念。

一　贫困及其成因

贫困是相对于富足而言的，指的是收入不能满足合理消费支出的一种状态。贫困是一个十分复杂的问题，按照经济学的一般理论，贫困是经济、社会、文化贫困落后现象的总称，但首先是指经济范畴的贫困，即物质生活贫困，表现为一个人或一个家庭的生活水平达不到一种社会可以接受的最低标准。朗特里和布思在 1901 年撰文认为：

"一定数量的货物和服务对于个人和家庭的生存和福利是必需的；缺乏获得这些物品和服务的经济资源或经济能力的人和家庭的生活状况，即为贫困。"①

世界银行基于经济意义在《1990年世界发展报告》中对贫困做了如下界定："贫困是缺少达到最低生活水准的能力。"② 在《2000—2001年世界发展报告——与贫困作斗争》中再次给贫困下了一个定义："贫困不仅意味着低收入、低消费，而且意味着缺少教育的机会，营养不良，健康状况差。贫困意味着没有发言权和恐惧等。"③

以发展的、动态的眼光看，人们对贫困的理解和认识，是一个随着社会经济发展而不断变化的过程。总体来说，大体经历了以下三个发展阶段：

第一阶段：以最低生活水平来度量的经济意义上的绝对贫困。强调的是一个人或家庭的收入只能或者不能维持生命效能的最低需要，参照的是绝对贫困线。

第二阶段：以生活条件为参照的相对贫困。生存不仅只需要基本的物质基础，还有社会需求，即社会交往、社会资本等方面的需求。在这一阶段，人们更注重的是贫困者的社会需求得不到满足。1998年诺贝尔经济学奖获得者阿玛蒂亚·森④认为，贫困的真正含义是贫困

----

① 发展交流网，http://www.ngocn.org/，2008年1月3日。
② 世界银行：《1990年世界发展报告》，中国财政经济出版社1991年版，第26页。
③ 世界银行：《2000—2001年世界发展报告——与贫困作斗争》，中国财政经济出版社2001年版，第17页。
④ 阿玛蒂亚·森（Amartya Sen），1933年出生于印度孟加拉湾，1953年在印度大学完成学业后赴剑桥大学攻读，1959年获剑桥大学博士学位。先后在印度、英国伦敦经济学院、牛津大学以及美国哈佛大学任教。1987—1998年在哈佛大学担任经济学和哲学教授。他曾任国际经济学会、印度经济学会、美国经济学会的主席；曾为联合国开发计划署编写《人类发展报告》；曾任联合国前秘书长加利的经济顾问。其学术贡献涉及公共选择、福利、饥荒和经济发展等领域，是现今为数不多的几个横跨多学科的经济学家之一。其代表作有《论经济不平等》（1973）、《贫困计量的序数方法》（1976）、《贫困的水平》（1980）、《商品与能力》（1985）、《伦理学与经济学》（1982）、《生活标准》（1987）、《贫困与饥荒》（1981）、《饥饿与公共行为》（1989）、《不平等的再考察》（1995）、《以自由看待发展》（1999）等。还有两本论文集：《选择、福利和测度》（1982）与《资源、价值和发展》（1984）。1998年因其在福利经济学方面的贡献获诺贝尔经济学奖。

人口创造收入能力和机会的贫困；贫困意味着贫困人口缺少获取和享有正常生活的能力。"贫困是人的一种生存状态，在这种生存状态中，人由于不能合法地获得基本的无知生活条件和参与基本的社会活动机会，以至于不能维持一种个人和生活文化可以接受的生活水准。"①

第三阶段：综合贫困概念，主要是指失去或者被剥夺享受人类发展最基本福利的机会和选择性，主要产生于穷人获得财产使用的途径受阻。这里的"贫困"是一个综合性概念，不仅指物质的匮乏，还包括社会活动方面。

对于贫困的认识，从最初的基于物质基础或经济意义上的绝对贫困，到综合性的强调社会需求和社会资本可获得性的人类贫困概念，也反映出对贫困成因的不断认识变化过程。对于贫困的成因最初只强调物质原因，即缺少必要的生存物质基础，强调的是个人的生存能力。随着对贫困认识的深化，人们逐渐意识到贫困不仅仅是贫困者个体的能力匮乏，因物质资源匮乏而扩展到这种匮乏带来的社会资本获取机会的减少和匮乏导致更深的贫困，贫困也是社会制度缺陷而导致的结果，即是制度性贫困，贫困主要产生于穷人获得财产使用途径受阻。这里的"财产"是一个广义的概念，包括经济财产、社会和政治财产、环境与基础设施财产以及穷人的个人能力。其中，经济财产主要包括土地、住房和资金；社会和政治财产，主要是指以取得他人信任和互助为主要内容的社会资本以及穷人参与政治活动的机会；环境和基础设施财产，包括自然环境和资源方面的环境财产，市场等物质基础设施，教育、医疗等社会基础设施；个人能力，包括获取健康的身体、个人技能和其他能力。穷人获得财产使用的途径受阻，其实质是由制度缺陷所造成的。因此，反贫困的主要途径在于以改善穷人获得财产使用的途径作为政策的支点，政府应该在法律、社会和经济政策方面为改善穷人获得各种财产使用的途径而提供制度支持，尤其是经济政策方面的支持。

---

① 康晓光：《中国贫困与反贫困理论》，广西人民出版社1995年版，第3页。

二　提高贫困人群自生能力

（一）公益性小额信贷与基本信贷权利

马克思主义认为，财产权是人的基本权利，所以无产阶级必须通过革命取得对资本的所有权，才能实现全人类都取得发展的权利。资本主义社会中财产权是很重要的基础性权利，私人财产的神圣不可侵犯是被市场经济国家写入宪法的，是市场经济运行的一个基本前提。传统银行信贷业务中采用抵押和担保，就是对财产权的充分尊重和利用。因此，在传统金融体系中，缺少财产的穷人是没有条件得到贷款的，也就失去了发展的机会和权利。

而在发展经济学家和公益性小额信贷实践者的视野里，信贷权对于穷人来说，是一种基本的人权，是和财产权一样重要的基本权利。经济学家阿玛蒂亚·森的"权利贫困观"和"能力理论"指出：经济贫困其实是社会权利贫困的折射和表现；由于人们只有基于权利平等，才能不论贫富一律成为社会的正式成员，因而和谐、包容的社会是以权利为基础的；而真正的权利平等必须通过能力的平等才能实现，能力就是个人追求有价值的目标所必备的功能组合，如知识、健康、基本收入等。显然，资金的获得对于提升个人特别是穷人的能力有特别意义。2006 年诺贝尔和平奖获得者、孟加拉国格莱珉乡村银行的创始人尤努斯教授提出，当银行将被认为是没有信贷价值的穷人拒之门外时，经济学家们为什么保持沉默？……正是因为这种沉默，银行得以在实施金融隔离政策的同时逃避处罚，但凡经济学家们能认识到贷款所具有的强大生活经济能量，他们或许能认识到，贷款确实应作为一种人类权利来加以促进。

正是基于这样的信念，公益性小额信贷通过信贷制度的革命，在没有改变财产权制度的情况下，让缺少财产的穷人也能得到贷款，从而取得发展的机会和权利。公益性小额信贷以赤贫者、极贫者、贫困者和脆弱的非贫困者为目标群体，从构建适于穷人的金融生成机制为切入点，为穷人提供必要的生产、婚嫁丧娶、生病上学等维持性融资支持。尽管信贷本身不能创造直接的经济效益，但通过信贷支持释放了穷人的个人经济能力，帮助穷人更好地利用自己的人力资本和生产资本，创造盈余，增加财富，从而为穷人创造出了其他权利。有了信贷权，就有了优化资源配置的机会，就意味着穷人有了发展权，有了改变命运、实现从贫穷到脱贫乃至富裕转变的可能。

（二）公益性小额信贷促进贫困人口的自生能力增长

贫困对个体来说，意味着物质的匮乏和一些社会活动受到限制，意味着个体在提升自我和改善自我状况方面的受损。对整个社会而言，贫困导致社会福利水平下降，同时也说明社会资源配置没有达到最优，不仅意味着贫困群体不能充分享受到应有的资源配置权益，同时也意味着贫困群体不能依靠自身的力量改善生存环境和境况，即贫困人群的自生能力增长受阻。

自生能力的概念是林毅夫（1999）在分析国有企业发展能力时所使用的一个概念，他认为，在一个开放、竞争的市场中，只要有着正常的管理，就可以预期这个企业在没有政府或其他外力的扶持或保护的情况下获得市场上可以接受的正常利润率，那么这个企业就是有自生能力的，否则，就是没有自生能力的。没有自生能力的企业一定是缺乏正常的管理，也许是产权问题、激励机制或是公司治理方面的原因，也可能是外部环境的不正当干预造成的。他还指出，企业的自生能力是与外部的环境支持和自身选择是否符合企业的比较优势息息相关。

我国农村贫困人群大多是缺乏自生能力的，即在没有外部环境支持的情况下，贫困群体依靠自身拥有的资源禀赋，通过生产和交换无法使自己的实际经济收入或经济权益达到社会平均水平，而陷入贫困的状况。我国自改革开放以来，经济体制由原来的计划经济逐步转向市场经济，在这一市场化过程中，许多阶层、群体因为缺乏外部环境的支持而失去发展经济、改变贫困状态的机会，而无法走出贫困状态。改变贫困状态的关键在于如何提高贫困人群的自生能力。

公益性小额信贷有利于促进贫困人群自生能力的增长：首先，绝大多数具有正常智力和体力的穷人都存在一定的资金需求，且一旦他们得到资金支持，因此而改变生活状况的可能性就较大。其次，由于穷人先天教育的匮乏，他们的技术素质和管理能力相对而言比较差，需要外部提供有益的帮助，而公益性小额信贷不仅提供资金支持，还为他们提供一些必要的技能和管理知识的培训。最后，公益性小额信贷的团体贷款制度，一方面缓解了穷人因缺少抵押物而得不到贷款的机会；另一方面也是用特定的形式将穷人组织起来，有助于增强穷人承担风险的能力。总之，公益性小额信贷通过金融制度创新，避开了传统金融机构对穷人信贷支持的困境，为贫困人群的发展提供了外部支持。"公益性小额信贷是一种特殊的金融服务或是金融机构，它在客户无力提供担保（抵押）品的情况下，以不同于传统金融机构的风险管理技术，为那些被排斥于传统金融体系之外的客户提供额度较小的金融服务"①，通过金融扶持启发和帮助贫困人口提高自生能力。

公益性小额信贷对贫困人群自生能力增长的作用机制表现在：（1）通过培训和在贷款偿还过程中的学习，提高他们的计划和管理能力。贫困人群由于缺少传统教育，对一些简单的家庭支出安排都缺少必要的知识，不知道如何安排家庭现金流、制订家庭开支计划和管理家庭资源。经过培训后，他们逐步学会了这些知识，并能在实践中运用。比如，中国扶贫基金会的公益性小额信贷在实施信贷服务的同时，还提供了大量的非金融服务：2008年与正达公司合作，在福建福安市开展了茶叶安全用药培训，全年培训近50场次，培训农户近千人，除此之外，还与微软公司合作，为项目区的信贷员配备电脑，信贷员利用电脑为农户提供信息服务等。②（2）提高贫困人群参与市场的机会和能力。除了一些必要的消费性支出，绝大多数公益性小额信贷资金都是用于从事市场参与活动。对于处于贫困状态的人口来说，市场是陌生的，而信贷支持为他们提供了进入市场的机会，在客观上促进了贫困人口参与市场经济活动，在与市场的联系之中逐渐学会了如何从事市场经济活动，并从中实现财富的增长和积累。（3）公益性小额信贷的团体贷款机制，加强了贷款户之间的社会和经济联系，在

---

① 焦瑾璞、杨骏：《小额信贷和农村金融》，中国金融出版社2006年版，第3页。
② 中国扶贫基金会：《公益性小额信贷年报2008》。

一定程度上促进了贫困和低收入人群之间的凝聚力和组织性，对于组织资源非常缺乏的贫困人口来说，通过公益性小额信贷间接的互助组织，对贫困人口的未来发展具有重要的影响力。

孟加拉国格莱珉乡村银行、我国扶贫基金会公益性小额信贷等公益性小额信贷机构高达99%的还款率，就很好地证明了贫困人口借用信贷机会而滋生的自生能力，从另一角度也证明了穷人缺少的是发展机会而不是发展能力，只要能给予他们信贷的机会，他们就具有自生能力，就具有改善生活的意愿和能力。正如尤努斯认为，如果把给予富人的相同或相似的机会给予穷人的话，他们是能够使自己摆脱贫困的。穷人本身能够创造一个没有贫困的世界，公益性小额信贷要做的就是给他们提供一个这样的机会。

公益性小额信贷为穷人提供了一个脱离贫困世界的机会，在扶贫方面发挥了积极的效果，被看作是一种有效的扶贫方式。联合国将2005年定为"国际公益性小额信贷年"的初衷，就是希望能在全球范围内推广公益性小额信贷的模式，以帮助穷人改善生活、增强他们的风险抵抗能力、保护他们的社会和经济权利，为实现联合国千年目标中的扶贫目标而做出贡献。国内外的实践也证明，公益性小额信贷对扶贫具有巨大的贡献和作用，公益性小额信贷客户在加入项目后收入确实增加了，其增加幅度大于那些没有进入项目的农户。孟加拉国农村进步委员会的研究发现，留在项目中超过4年的成员，其家庭支出增加了28%，资产增加了112%。[1] 我国公益性小额信贷扶贫成就也非常显著，到2001年年底，累计扶贫到户贷款250亿元，余额240亿元，累计扶持1715万贫困农户，到2003年8月底，扶贫到户贷款余额近300亿元。[2]

三 获得信贷资金、技术培训的机会

公益性小额信贷将服务目标直接锁定为贫困农户，支持贫困农户开展微型项目开发，为他们提供生产经营项目方面所需要的资金，维

---

① 参见焦瑾璞、杨骏《小额信贷和农村金融》，中国金融出版社2006年版。
② 中国小额信贷联盟网：http://www.chinamfi.net/fz_summary.asp。

持贫困农户正常的生产经营活动。

在传统金融体系中，银行为了控制自身经营风险而将缺乏抵押物（或担保）的贫困农户拒之门外，这部分人群就因此而失去传统金融机构的贷款机会。但公益性小额信贷，将其服务目标人群定位于无法从传统金融机构获得贷款而又有资金需求的贫困人群，给穷人提供一个改变命运的机会，让那些拥有信贷权利而得不到信贷服务的贫困群体得到信贷服务，让他们真正拥有这种权利和机会。正是在这一使命和目标下，公益性小额信贷的金融服务手段和金融机制都有别于传统金融机构，采取无抵押团体贷款机制，让很多贫困群体获得了信贷资金。

公益性小额信贷机构在为贫困人群提供信贷支持的同时，为了更好地促进借款者用好信贷资金，同是也为了规避因借贷者经营不善而造成无法偿还借贷资金的风险，还为借贷者提供必要的技术性的培训，提高借贷者的经营管理水平和技术水平。如中和农信在为客户提供信贷服务之外，还为客户以及社区百姓提供健康知识、农业技术、金融教育、环境保护等多方面的非金融服务。

戴蕴（2015）[①] 采用定性与定量方法对公益性小额信贷对创业者创业资源获得情况进行研究，结果表明，公益性小额信贷对创业者人力资源、政策资源的获得具有显著影响，创业者获得小额信贷后个人能力及素质均有显著提升；对创业者知识资源及社会网络资源具有间接影响，公益性小额信贷机构鼓励创业者参加各种类型的创业大赛、各种培训活动，并与其他知名企业合作，为创业者提供更多的发展机会。

四　增加家庭财产

公益性小额信贷通过对农户生产、生活资金需求的信贷支持和其他服务直接提升了农户的生产经营能力，对增加家庭财产具有重要的积极作用。大多数研究表明，在一般情况下公益性小额信贷对低收入

---

① 戴蕴：《论公益性小额信贷的创业资源杠杆效应研究》，《北京师范大学学报》（社会科学版）2015 年第 6 期。

家庭财产的积累和就业有积极作用，同时，随着这些家庭收入的提高，其家庭消费也在增加。

吴国宝（2001）对公益性小额信贷项目实施情况的调查结果表明，公益性小额信贷项目实施后，用户户均家庭财产价值从1985.35元增加到2901元，增长了46.12%，其中生产性固定资产和牲畜的价值增长速度较快，分别达到92.22%和45.16%，而耐用消费品的价值仅增长19.18%（见表5-1）。此外，朱乾宇、董学军以湖北恩施利川市为代表，随机抽取了10个村46户农户，跟踪调查了3个年度的数据，考察该地区公益性小额信贷扶贫绩效，结论是：公益性小额信贷资金每增加1元，则农民人均年收入将增加0.54元，农户公益性小额信贷对农民增收具有积极作用。①

表5-1　　　　　贷款前后公益性小额信贷用户家庭财产变化　　　　单位：元

	户均生产性固定资产原值	户均年底牲畜价值	户均耐用消费品价值	家庭财产价值合计
贷款后	859.54	1163.36	878.10	2901.00
贷款前	447.17	801.43	736.79	1985.35
贷后比贷前增加程度（%）	92.22	45.16	19.18	46.12

资料来源：参见吴宝国《中国小额信贷扶贫研究》，中国经济出版社2001年版，第139页。

公益性小额信贷对家庭收入增长的积极作用是通过以下途径实现的：农户获得小额贷款，增强了农户经营能力，使家庭收入结构发生变化，家庭收入来源多样化，收入水平提高，消费增加，改善生活条件和家庭居住环境，同时也增加了就业机会。

公益性小额信贷通过对贫困人群的信贷支持，使贫困人群得以从事一些经济活动，增加了短期收入和长期发展机会与能力，从而实现

---

① 朱乾君、董学军：《少数民族贫困地区农户公益性小额信贷扶贫绩效的实证研究——以湖北省恩施土家族苗族自治州为例》，《农业经济导刊》（中国人民大学复印报刊资料）2007年第5期。

其扶贫目标。在现实中因为公益性小额信贷资金使用渠道不同而产生不同的扶贫效果，归纳起来一般有以下几种：

一是利用信贷资金，增加新技术的投入，提高资源的回报率。利用公益性小额信贷资金，增加常规技术或者是提高生产资料（如良种、化肥、农膜、高效原材料等）的投入，从而提高劳动生产率和其他资源的产出率或利用率，增加收入。土地、资金、劳动力是生产的三大要素，土地、劳动力是贫困户自己可以控制的资源，也是贫困农户自己不缺乏的资源，但资金是他们的稀缺资源。资金的缺乏，导致了他们的生产经营活动受到限制，只能在低水平技术条件下实行简单的再生产，使得平均产量和边际产量较低。而通过公益性小额信贷的资金支持，贫困户资金缺乏的状况得到改变，增加生产资金投入，其生产产量增加，而且一定程度上增加资金投入幅度与技术水平改进的经济潜力呈正相关关系，原来的技术水平越落后，技术改进的增产效率越大，公益性小额信贷提供的资金投入对于贫困户来说其作用也越大。

二是利用信贷资金，整合资源，进行创收。在存在闲置资源的情况下，贫困户利用信贷资金，整合这些闲置资源，开展经济活动，一方面提高劳动力的利用率，另一方面可以从对闲置资源的利用中获取经济收益。实践中，一些贫困人口获得贷款后，用此资金来开拓荒地，实行种养，是这种模式的典型表现。

三是利用信贷资金，实施小规模生意经营。利用信贷资金，发展微型的非农企业，将增加收入和就业机会的目标从农业产业转向非农产业，这是东南亚国家利用公益性小额信贷资金的主要途径。在中国扶贫基金会公益性小额信贷项目中，利用公益性小额信贷进行非农企业发展的贷款占到了总贷款的19%。[1] 但这种模式，需要具备一些支持条件：（1）存在贫困人群发展微型非农企业的市场机会。这对于居住在非常偏远地区的贫困户来说，从事非农小规模经营的机会比较少，而对于交通比较便利的地方或者是离城镇比较近的地方比较合

---

[1]　中国扶贫基金会：《公益性小额信贷2008年年报》。

适，他们拥有更多的机会实现发展非农产业小规模经营。（2）贫困农户必须具备发展微型非农经营所需要的经营能力，以保证资金的回流足够偿还贷款。

四是利用公益性小额信贷资金，实现劳务输出。对那些因居住地自然条件的限制，缺乏有效的创收和就业机会而又限于资金约束不能外出打工的贫困人口而言，可以利用公益性小额信贷提供的资金支持，解决外出所需费用而到异地寻找到工作机会，从而实现收入的增长，摆脱贫困。目前，这是公益性小额信贷实现扶贫的一种最直接、最立竿见影的方式。

第二节　积极推动妇女赋权

一　妇女赋权

"所有民族取得伟大成就都是由于给予了妇女适当的尊重。如果忽略了女性，那任何国家都不可能进步，正如任何鸟儿都不能仅靠一只翅膀飞翔。"妇女在社会发展中的作用已经达成了广泛的共识，但贫困妇女因受到各种条件的限制而没有被赋予应当的权利，影响其自身的发展。

赋权指通过提高个体或团体的财产权和能力，提升他们对所在机构的影响力，由此获取发展机会或取得相应的财产。[1] 按照世界银行的定义，妇女赋权指增强妇女在家庭的权利、影响力和决策权。[2] 妇女赋权是一个综合性概念，其内涵包括以下三个相互联系的方面：一是妇女不仅仅是弱势群体，而且还可能是弱势群体里的弱势群体；二是家庭和亲属关系的制约是妇女缺乏权利的主要因素，这就意味着要想改

---

[1]　Empowerment："the enhancement of assets and capabilities of diverse individuals and groups to engage, influence and hold accountable the institutions which affect them", A. Malhotra and S. R. Schuler, *Measuring Women's Empowerments a Variable in International Development*, the Work Paper of World Bank's Social Development Group, 2002.

[2]　World Bank, *Engendering Development*, 2001.

变妇女的地位和状况，必须涉及家庭层次的政策改变；三是妇女赋权是一个权利体系，但最基础的权利是她们的家庭决策参与权。妇女赋权从根本上来说，就是妇女通过一系列途径能够自理、自立和自我发展。

妇女赋权正在成为一项各国追求的发展目标。并且，它不仅是一项目标，同时也是妇女获得其他权利的基础。妇女赋权能使妇女有参与分享家庭经济收入，探讨家庭资源配置、家庭重要事项安排的权利和决策权。妇女赋权主要反映的内容如表 5 - 2 所示。

表 5 - 2　　　　　　　　　　常用的衡量妇女赋权的指标

	家庭	团体	更广泛的意义
经济	能掌控自己的收入、家庭资源及获得家庭支持	获得工作、信贷、市场进入机会、拥有土地、财产权利和拥有一定的社会声誉	获得更高收入的工作机会、参与经济政策的制定和执行活动
社会文化	拥有自由的迁徙权力，不歧视女儿，并给女儿受教育的权利	有权进入社会活动范围，参与家庭外的生活活动生活，以及在社会仪式上有参与权	有权进入高等教育，积极、正面的社会形象和影响力
家庭关系	参与家庭决策、远离家庭暴力、有生育决策权、婚姻自主	在婚姻和亲属关系中拥有自主权，反对家庭暴力	为妇女获取婚姻、家庭自主权、生育决定权以及安全堕胎、生殖健康提供社会安全网
法律	拥有法律知识，并获得维权行动的法律援助	参与社会活动的权利，获取法律支持的权利	妇女权益有法律保障，有权利和机会进入法律部门，倡导、维护妇女权利
政治	有选举权，政治活动获得家庭支持	参与社会政治活动，在地方政府中任职	妇女在国家政治层次面上有参与权和代表权，能代表妇女的利益
心理	心态良好、自我尊重、自我激励	树立集体意识、关注妇女不公正待遇	维护妇女的权利和义务

经济基础决定上层建筑，妇女赋权的关键在于妇女经济权利的获得，在内能掌控自己的收入、家庭资源及获得家庭支持，在外能获得

工作、信贷、市场进入机会，拥有土地、财产权利和拥有一定的社会声誉。但农村地区的妇女，没有机会获得正式工作，因此也就没有独立的经济收入。

二　妇女是主承贷人

世界银行《2014 年全球金融发展报告》指出，受文化、制度、习俗等因素影响，女性相对于男性而言面临着更多的金融市场约束。在拥有银行账户以及使用储蓄和借款工具方面，女性的普及程度大大低于男性；女企业主从正式机构获得融资的可能性低于男企业主，并且女企业主可能需支付更高的利率或是面临更为不利的贷款条件。同时，女性在获得融资方面面临的不利条件也影响了该群体的外部融资需求和商业决策。这些金融约束，对女性扩大再生产和致富方面形成了无形障碍，限制她们提高竞争能力。

但无论是国外还是国内的小额信贷，大多以贫困妇女为服务目标群体，为她们提供信贷服务：一是量身打造满足她们实际需求的金融服务产品；二是采用当地客户经理的方法，利用乡土熟人社会的特点，降低交易成本和道德风险；三是将金融服务与其他金融或非金融服务打包，如生产技术培训、市场培训等，帮助她们解决在生产经营中所面临的多重约束。

贷款给妇女是国内外公益性小额信贷从扶贫到户实践中总结出来的成功经验。在贫困家庭中，妇女一般具有节俭、顾家、不乱花钱、能按时还钱等品德。她们一般都很用心地经营能为家庭带来经济收益的生产经营活动，而且相对于男子来说，妇女外出的机会较少，便于从事家庭养殖、手工业生产，也便于开会和参加公益性小额信贷组织的各种活动。妇女之所以成为公益性小额信贷的主承贷人是由贫困妇女的自身条件及其经济、社会地位决定的。

首先，贫困的原因在某种程度上来说是妇女的贫困，消除了妇女的贫困，家庭的贫困便也随之消失。发展中国家贫困农村的共同点就是妇女承担着繁重的家务劳动、田间劳动，但她们的社会地位和家庭地位却很低。我国的贫困农户情况也如此。妇女处于社会最底层，在社区和家庭中一般情况下都没有发言权和决策权，只有辛苦劳动的义务，她们的聪明才智没有得到很好的发挥。

其次，贫困妇女特有的母爱、责任感和自我牺牲精神，决定了她们承贷的成功率。贫困妇女作为家务劳动的主要承担者，她们总是把照料、维持家庭的生存放在首位，并为此而奋斗，不停劳作，也精打细算。在家庭生活极其困难时，有些男子会选择逃离家庭，而妇女则不能逃离家庭，她们要留在家里，维系着家庭，作为母亲要照顾孩子。相对而言，饥饿和贫困更多的是妇女而不是男子所面临的问题。如果家庭成员中必须有一个挨饿，这个挨饿的人肯定是母亲。在缺衣少食的日子里，母亲大都有过那种不能喂养子女而心灵受到创伤的悲惨经历。如果有与贫困抗争的机会，贫困妇女往往比男子更能本能地挺身而出成为家庭的斗士。贫困妇女往往因为自己的贫困而希望能让子女过得更好，她们忧虑孩子的现在和将来，为了孩子的利益，她们心甘情愿地做出一切牺牲。贫困妇女在操持繁重的家务劳动中，自觉或不自觉地学会或养成了积累和再生产的本领。

公益性小额信贷通过对妇女提供信贷，从而提高她们生产经营能力和收入，提高了女性在家庭中的地位。

三 积极推动妇女赋权

公益性小额信贷均将妇女作为贷款的主要对象，这也是公益性小额信贷项目的主要特点。格莱珉乡村银行已经拥有 570 万贫困借款者，其中 96% 为女性，银行放贷 8.21 亿美元，贷款偿还率为99.01%。[1] 并且通过向妇女贷款促进了社会发展。中国扶贫基金会的公益性小额信贷项目 2005 年贷款性别比中妇女占 25%，2006 年占42%，2007 年占 64%，2008 年占 65%，妇女在贷款中所占的比重逐年增加，到 2008 年占 65%，占整个贷款规模的 2/3 还多。[2] 赤峰昭乌达妇女可持续发展协会，以贫困地区农牧区妇女为重点扶持对象，贷款客户 100% 为妇女。

向妇女贷款，这是公益性小额信贷项目开始在中国施行时明确提

---

[1] 尤努斯：《面向贫困人口的无抵押贷款》，《小额信贷通讯》2008 年第 3 期。
[2] 中国扶贫基金会：《公益性小额信贷 2008 年度报告》。

出的。当时大多数公益性小额信贷项目是针对妇女发展的项目，因而项目上的活动大多都是妇女参加。这使妇女参与活动的机会得到了加强，发言的机会得到了增加，增强了她们发展的信心与动力，扩展了她们的活动空间。并且妇女通过中心会议，开拓了她们的社会资本网络，参与中心会议交流，探讨生活、生产、情感的话题，促进了妇女的身心健康和社会能力的提升。此外，妇女由于贷款为家庭带来了经济收入，在家庭中的地位也得到了加强。另外，项目还促进了夫妻之间的交流和共同决策，比如商量贷款用途、还款来源、劳动分工、由谁还款等问题的商讨增强了夫妻间的感情。

第三节　社会资本获得

一　社会资本

社会资本是一个相对晚近的概念，最初主要是一个社会学概念，后来逐渐被引入到经济学分析中。如世界银行就将社会资本定义为，"嵌入在社会结构中能促进人们采取集体行动达到特点目的的规范和社会关系"[①]。

社会资本是由社会学家布迪厄最早正式提出，后经科尔曼、普特南、林南的发展，形成了比较完善的社会资本理论体系。社会资本是通过社会关系获得的资本，是一种社会财产，它借助于行动者所在网络或所在群体中的联系和资源而起作用（林南，2005）。社会资本是一种嵌入在社会网络中的资源，这种社会资源存在于一个相互熟识和认可的、比较持久的网络中。社会资本是一种和物质资本、人力资本相区别的存在于社会结构中的个人资源，它为结构内的行动者提供便利的资源，它是镶嵌在一定社会团体中的社会关系，这个社会团体内的人们容易互相熟悉并结成密切的社会网络，同时个体必须遵循其中

---

① World Bank：*World Development Report 1998/1999：Knowledge for Development*，New York：Oxford University Press，2000.

的规则才能获得社会资本。

布迪厄在其关系主义方法论的基础上提出场域和资本概念。场域是以各种社会关系连接起来的、表现形式多样的社会场合或社会领域，一个场域可以被定义为在各种位置之间存在的客观关系的一个网络，或一个构型。场域是由不同的社会要素连接而成的，社会不同要素通过占有不同位置而在场域中存在和发挥作用。场域就像一张社会之网，位置可以被看成是网上的纽结。位置是人们形成社会关系的前提，社会成员和社会团体因占有不同的位置而获得不同的社会资源和权利。布迪厄认为资本有三种形式：经济资本、文化资本和社会资本。社会资本"由社会义务或联系组成"，"它是实际的或潜在的资源的组合，这些资源是与一个相互熟识和认可的、具有制度化关系的持久网络的拥有——换言之，一个群体的成员身份——联系在一起。"群体为其成员提供集体共有的资本，成员可以将这些资本用于信贷。布迪厄认为，社会资本取决于个人联系的规模和这些联系中所含有的资本的容量或数量，是一个确定群体的成员所共享的集体财产，这个群体有清楚的边界、相互交换的义务和相互的认可。[①]

科尔曼认为，社会资本包含两个要素：它是社会结构的一个方面；在结构内它便利了个体的某些行动。社会资本是从关系中获得的、现实的或潜在的资源。[②]

普特南（Robert D. Putnam）在科尔曼的基础上，将社会资本从个人层面上升到集体层面。普特南在《让民主的政治运转起来》中提出公民参与网络。其认为，由于一个地区具有共同的历史渊源和独特的文化环境，人们容易相互熟知并成为一个关系密切的社区，组成紧密的公民参与网络。这一网络通过各种方式对破坏人们信任关系的人或行为进行惩罚而得到加强。

社会资本理论研究集大成者、著名美籍华人社会学家林南将社会

---

① ［美］林南：《社会资本——关于社会结构与行动的理论》，张磊译，上海人民出版社 2005 年版，第 20 页。

② 同上书，第 23 页。

资本理论系统化。林南（2005）通过对社会网的研究提出社会资源理论，并在此基础上提出了社会资本理论。首先，他提出了社会资源理论。所谓资源就是"在一个社会或群体中，经过某些程序而被群体认为是有价值的东西，这些东西的占有会增加占有者的生存机遇"①。他把资源分为个人资源和社会资源。个人资源指个人拥有的财富、器具、自然禀赋、体魄、知识、地位等可以为个人所支配的资源；社会资源指那些镶嵌于个人社会关系网络中的资源，如权力、财富、声望等，这种资源存在于人与人之间的关系之中，必须与他人发生交往才能获得。社会资源的利用是个人实现其目标的有效途径，个人资源又在很大程度上影响着他所能获得的社会资源。在社会资源理论的基础上，林南又提出了社会资本理论。社会资源仅仅与社会网络相联系，而社会资本是从社会网络中动员了的社会资源。林南认为，社会资本是投资在社会关系中并希望在市场上得到回报的一种资源，是一种镶嵌在社会结构之中并且可以通过有目的的行动来获得或流动的资源。林南定义社会资本时，强调了社会资本的先在性，它存在于一定的社会结构之中，人们必须遵循其中的规则才能获得行动所需的社会资本，同时该定义也说明了人的行动的能动性，人通过有目的的行动可以获得社会资本。

无论是布迪厄、科尔曼，还是林南，他们都认为，社会资本由嵌入在社会关系和社会机构中的资源组成，当行动者希望提高目的性行动成功的可能性时，他们可以动员社会资本。

二 公益性小额信贷提供的社会资本

社会资本的分布是基于一定社会结构的。对处于农村的那些贫困户来说，他们的社会资本很少，他们缺乏社会的、经济的和政治的社会资源。社会资本的匮乏限制了他们的经济活动水平和能力，而这种贫困反过来又制约了他们社会资本的获得，形成了一种恶性循环，社会结构约束了个体社会资本的获取和增进。

---

① ［美］林南：《社会资本——关于社会结构与行动的理论》，张磊译，上海人民出版社2005年版。

　　社会转型也加剧了农户社会资本形成的障碍。从传统熟人社会向现代陌生人社会的转型、从计划经济向市场经济的转型，给本已处于弱势的贫困人群的社会资本积累造成了重重障碍。贫困人群在社会分层中遭遇排斥和隔离，参与社会政治生活的机会更加缺乏，导致了他们的政治社会资本的积累不足。

　　另外，女性尤其是贫困农村妇女的社会资本比男性更加欠缺，她们获取的社会资源无论是在数量还是在质量上都少于男性。在贫困农村，妇女的社会资本欠缺往往是资本投资欠缺所导致的。农村家庭中，教育投资往往更多的是给予了儿子而不是女儿。此外，主流的文化价值观和社会结构与制度为妇女设置了有别于男性的社会资本获得机会。男性被广泛动员和激励着去建立广泛的社会关系纽带，而女性如果这样做则往往会被约束甚至是惩罚。这些因素导致了女性获得的社会资本在质量和数量上少于男性。

　　公益性小额信贷创造了社会资本，为贫困人群提供了获取社会资本的机会和渠道。具体体现在以下两个方面：

　　一是通过小组团体贷款提供了一个同质性的社会结构。信息不对称和信任的缺失被认为是制约信贷的首要因素。在不完全信息的环境里，借款人经常会有策略性赖账或者破产性赖账的机会主义动机。为了解决这个困境，一般都采用财产抵押的方式以弥补信息不对称和信任的缺失。可是农村财富匮乏，缺少抵押物，这种传统的信贷抵押模式难以奏效，成为制约信贷的因素。为此，公益性小额信贷的开创者——尤努斯采用团体贷款的方式替代财产抵押的诉求。在这种小组贷款制度中，每个小组由5—7个会员组成，共同为小组成员的信贷偿还负责，如果小组中的成员违约，其他成员都有偿还责任，更为重要的是，小组的其他成员都会因为某一成员的违约而丧失未来的信贷机会。这种小组联保制度为小组成员选择他们认为有信誉的成员提供了激励。在这种制度安排下，挑选借款人、监督借款人的行为以及在必要时采取措施强迫借款人还款等重要活动，都从贷款机构"自动"转移到借款人那里，从而降低了信贷机构自身的筛选、监督成本，也降低了信贷机构的违约风险。与此同时，这种信贷机制也在很大程度上加强了信贷成员之间的关系，相当于为他们提供了一个同质性的社会关系网络。

二是创造了一个垂直型社会结构——信贷组织与借款人之间的信任。公益性小额信贷机构通过小组贷款机制建立起组织与借款人之间的信任，为借款人提供了一个垂直型社会资源结构。孟加拉国乡村银行创建之初，就非常重视借款机构与借款人之间的关系，在提供信贷服务的同时还提供其他社会服务，如信息技术的培训、社区服务等。这种"培育和维持与借款人之间的社会资本，对挑选和培训借款人、审批贷款，在小组成员出现死亡、因自然灾害造成收成失败时进行信贷重议，以及规避来自怀疑者、私人放贷者以及一些反对者的批评和敌意都至关重要"①。这种信任在树立信贷审批或其他信贷事务中发挥着重要的作用。

三　社会资本内生化

嵌入在社会网络中的资源之所以增强了行动的效果，主要是因为：第一，它促进了信息的流动。在不完备市场情况下，处于某种战略位置或等级位置中的社会关系，能够为个人提供以其他方式不易获得的关于机会和选择的有用信息，这些信息可以降低交易成本。第二，这些社会关系可以对代理人施加影响。第三，社会关系可以被组织或代理人确定为个人的社会信用的证明。第四，社会关系可以强化身份和认同感。确信和认识到自己是一个有价值的个体，是一个共享相似的利益和资源的社会群体的成员，不仅为个人提供了情感支持，而且为个人对某些资源权利的要求提供了公共承认（林南，2005）。

个体的社会行动有三种可能的回报类型：经济回报、政治回报和社会回报（林南，2005）。每一种回报都可以视为行动者新增加的资本。公益性小额信贷贷款者通过参与贷款活动，其社会资本获得主要体现在经济回报和社会回报上。

贫困人群获取社会资本的途径更多的只能靠个体互动，通过个体互动，将社会网络中的资源变成自我的社会资本。社会学互动理论认为，个体互动越多，越可能共享情感，越可能参加集体活动。同样

---

① 世界银行网站：http：//www. worldbank. org/poverty/scapital/topic/final. htm。

的，个体共享情感越多，那么越可能参与互动和集体活动。贫困人群在这种个体互动中，尤其是同质性网络的互动中，形成情感、资源与互动的互惠关系，将情感与社会资源联系起来。

公益性小额信贷对贷款者来说，相当于提供了一个"社会桥"①，将个体与集体联系起来。这个"社会桥"使一个关系丛中的个体行动者可以获取嵌入在另一个关系丛的节点中的资源，否则这些资源将不可得。而且，个体越靠近网络中的桥梁，他们获取的社会资本越好。公益性小额信贷的"社会桥"就是其团体贷款制度和抵押担保制度。公益性小额信贷为了解决贫困人群贷款缺乏抵押物的问题，而采取了团体贷款制度。团体贷款制度的实施，其潜在的作用是将很多社会资本匮乏的个体用一种制度联系在一起，个体需要互相担保，才能获得贷款。团体贷款制度的实施，是为个体增加了一个同质性的社会网络，促进了个体间的互动和联系。个体在这种互动中培育了感情、促进了互动，同时又分享了社会资本，扩大了社会交际网络，形成一种良性互动循环（见图5 - 2）。

图5 - 2　社会关系网络中的良性互动循环

第四节　推动农村金融创新

我国的农村金融尽管经历了诸多改革，如提高农业银行的运行效率；对农村信用社进行产权制度和内部管理机制改革，要求信用社对

---

① 社会桥是社会网络中两个个体行动者之间的联系，桥梁是两个群体的行动者之间的连接点。桥梁承担了获取嵌入在两个群体中的资源的重要功能。参见［美］林南《社会资本——关于社会结构与行动的理论》，张磊译，上海人民出版社2005年版。

农户的贷款不低于贷款总额的50%，中国人民银行还于1999年出台了《农村信用社农户小额信用贷款管理暂行办法》，试图利用新的信贷方式来改善信用社对农户（特别是低收入农户）的信贷服务，以期提高运作效率、减少亏损，并能为广大农户提供有效的金融服务。但总体来说，由于金融产品设计单一，服务手段落后，创新能力不足，缺乏灵活性、针对性和适用性，农村金融服务状况的改善效果不大，农村金融市场的一些问题依然突出，如贷款服务对象中仍然缺乏对农村偏远地区村民，尤其是贫困人口的服务；服务产品和范围单一，过分注重农业生产性贷款，忽视农村消费性贷款；贷款设计在某些方面不符合农户的需求。

公益性小额信贷采用小组联保贷款、分期偿还等金融创新方式，让低收入人群获得了信贷机会，还采取了一系列的激励、约束机制和合适的管理体制，改善服务方式，提供服务质量，其在农村地区的推进，犹如农村金融市场里的"鲶鱼效应"，激活了农村金融市场的服务效率，从而推动了我国传统农村金融体系服务内容的改进和提升。

一 推动农村金融服务目标调整和思想观念改变

传统农村金融机构的行为目标就是利益最大化，尽可能地多吸收存款，并大量发放贷款，以追求利润最大化。从微观角度来说，在计划经济体制下形成的金融机构服务模式和旧的习惯势力，使金融机构很难改善其自身的服务状况。它们往往把与客户的平等关系扭曲为你求我的关系，自觉或不自觉地养成了一种官僚习气，服务方式以传统的坐等上门的被动方式为主，服务意识和服务质量低下。农户和金融机构之间缺乏平等的必要沟通，金融机构与农户之间缺乏了解。金融机构大多通过乡镇干部和村干部等间接渠道了解农户的状况，而不是直接的实地考察，大部分金融产品都不是以农户需求为导向，这样决定了农户与金融机构的关系是松散的。

而公益性小额信贷，产生之初就将服务对象锁定在农村贫困人群，坚持信贷权是穷人的基本人权，并在这一目标下实行金融制度改进和创新，改变信息不对称的状况，采取实行小组联保的无抵押贷款、分期还款等方式，实现了信贷目标人群的下移达到农村最低收入人群，为他们的生产和生活提供必要的信贷支持。传统金融机构之所以不愿意为穷人提供信贷，一方面是受到信息不对称因素的约束，为规避自身风险而不愿给无抵押的贫困人群贷款；另一方面他们认为穷人缺乏信用、缺乏足以抵押的风险，而且贷款额度小、单位交易成本和管理成本高。而公益性小额信贷的创始人尤努斯所创建的乡村银行的实践表明，穷人也是非常讲信用的，他们的还款率一般都保持在99%。公益性小额信贷的实践表明，只要有设计合理的制度安排和有效的管理手段，穷人也具有清偿贷款、储蓄意愿和能力。

这些观念和思想的改变，为我国农村金融市场的发展注入了清新的空气，促进了传统金融机构改善农村金融服务，提升服务质量，扩大服务范围，创新金融产品，直接推动农村信用社实施小额信贷。1999 年 7 月人民银行发布了《农村信用社农户小额信用贷款管理暂行办法》（银发〔1999〕245 号）。2000 年，小额信贷在农村信用社开始进行推广，其后，国家及中国人民银行先后发文指导和颁布各种条例，正式承认了农村信用社开展小额信贷的合法性，确立了小额信贷在今后农村经济发展中的重要地位和贫困农户脱贫致富的重要手段。

二　推动金融资源要素向农村配置

尽管从 2004 年开始，中央出台一系列重要文件加强农村金融支持力度，着力推动金融资源要素向农村配置，但农村金融服务不足的状况并没有从根本上改变。表现在：第一，信贷机构限于风险防控考虑，对投向农村的资金往往要求提供相应的抵押、质押及不动产等担保，致使资金需求相对较多的农户、农村企业贷款普遍面临贷款难问题。第二，农村保险业严重萎缩，无法满足农民对风险控制和农村经济发展的需求。第三，农村金融产品创新相对滞后，由于存在金融市场垄断和一些体制上的弊端，农村金融产品创新缺乏准入机制，再加上缺乏科学的制度安排，又使农村金融服务深度和广度远远达不到需求程度。乡镇的金融市场没有形成有效竞争，分布在非县城所在地乡镇的银行业金融机构主要是农村信用社或邮政储蓄。

从下面三组数据可以看出，我国农村地区金融服务设施与城市的差距（见表 5 – 3）。

数据一：农村地区平均每个村的银行网点数为 0.7 个，城市地区为 2.63 个。

数据二：61.8% 的村附近没有银行网点，远高于城市社区没有银行网点的社区比例 24.1%。

表 5 – 3　　　　　　　　　农村和城市银行网点分布情况

银行网点数	0 个	1 个	2 个	3 个	4 个	5 个及以上
农村（%）	61.8	20.4	10.7	4.7	1.3	1.2
城市（%）	24.1	16.9	17.1	17.5	7.2	12.1

数据三：从我国农村地区村附近银行平均数的区域差距来看，东部地区村附近银行数量为 0.77 家，中部为 0.64 家，西部为 0.67 家，东部地区的金融服务设施数量高于中西部地区。[1] 但我国贫困地区大多分布在中西部地区，中西部地区的金融服务建设对中西部地区的扶贫有着重要影响。

数据四：截至 2014 年年底，全国金融机构空白乡镇达到了 1570 个。这表明，我国农村地区金融服务网点覆盖不足，再加上之前部分中小银行改制上市后陆续撤出了一些在农村设立的网点，农民想要在附近找到合适的金融服务网点就有些困难了。甚至在某些交通困难的欠发达地区根本就没有金融服务网点，形成了金融空白区。[2]

即使是近几年发展迅速的互联网金融，由于农村金融市场基础薄弱、网络设施建设不全、农户信用体系严重匮乏、手机银行、网上银行等新兴媒介应用率较低，互联网金融并没有在农村发挥其技术、平台方面的优势，为农村提供新型金融服务。

公益性小额信贷是农村金融体系里出现的新载体，为农村金融供

---

① 甘犁等：《中国农村家庭金融发展报告 2014》，西南财经大学出版社 2014 年版，第 71—72 页。

② 中国金融网，http://www.financeun.com，2015 年 5 月 8 日。

给建立了新渠道，为农村金融服务注入了新活力。我国公益性小额信贷机构的设立，不仅丰富了我国农村金融机构类型，一定程度上缓解了"城市有资金余力，农村有资金需求，金融缺少运作渠道"的矛盾，进一步提高了农村金融市场的运行效率和服务深度。公益性小额信贷覆盖了全国大多数省份，尤其在中西部地区。根据 2005 年、2006 年和 2007 年中国小额信贷发展促进网络成员统计，目前除了海南、广东、浙江、上海、山东和江苏，其他地区都有公益性小额信贷项目在运作。绝大多数公益性小额信贷项目集中在西部地区，尤其是甘肃、广西、云南、贵州、陕西、四川和青海这些国家级贫困县比较多的省份，西部地区的公益性小额信贷项目机构有 61 个，占项目总数的 54.5%，东部地区 26 个，占总项目数的 23.6%，中部地区 25 个，占总项目数的 22.3%。这些数据表明，正在发展中的公益性小额信贷正在不断地将金融资金要素向农村配置。

三　推动农村金融制度和金融工具创新

公益性小额信贷在深入了解农户金融需求的基础上，进行了一系列适合于农户尤其是贫困农户信贷特点的金融制度创新和金融产品创新。主要表现在：

1. 组织制度创新

实施小组联保贷款制度替代抵押贷款制度，通过小组成员间的相互联系监督贷款的使用，利用熟人社会的压力激励偿还贷款，降低成本和风险。小组联保贷款制度还加强了小组成员间的联系，加强了彼此间的感情和信息沟通，将分散的农户通过小组、中心组织起来，有利于农户提升其社会资本。

2. 内部管理制度创新

传统金融机构农村服务效率低下的一个主要原因就是内部管理不善、效率低下。公益性小额信贷机构通过内部管理制度创新，信贷员直接深入农户的办公方式，缩短了交易时间，减少了交易成本，提升了金融服务质量。同时，在内部实施有效的激励与监督机制，管理人员的报酬与机构的盈利状况相连，信贷员贷款质量与工资和奖金挂钩，信贷政策程序的透明化，改进信贷工作方法，提高了工作效率。

3. 符合农户需求的金融服务方式创新

以农户的金融需求为市场导向，设计金融产品种类、服务手段和传送机制，如分期还款、及时还款的奖励和连续博弈贷款制度、有差别的利率政策等。

四 成为我国普惠金融体系建设的重要内容

公益性小额信贷对于农村金融体系的重要影响，不仅表现在金融手段和金融工具的创新上，更重要的是成为我国普惠金融建设的重要内容。

我国农村金融市场历史上，主要为我国工业化建设服务，执行的是从农村、农业和农民吸收资金转移到城市、工业的方针，农业发展缺乏必要的金融支持，"贷款难"成为农民发展农业生产的一个重要障碍，特别是农村贫困人口。改革开放以来，国有银行和其他金融机构逐渐实行商业化改革，农业银行逐渐将营业网点撤离乡镇，只保留县域机构，这对金融机构本身而言，确实是有利于提高效益，改善经营管理，但更加重了农民"贷款难"问题，"三农"缺乏资金的状况更加恶化，农村资金供需矛盾更加突出，导致我国在综合经济实力提升和城市经济迅猛发展的同时，农村并没有如城市一般快速发展起来，而是出现了一定程度的衰退。农业、农村、农民问题成为影响我国经济社会可持续发展的一个重要因素。针对这种情况，国家提出了"城市反哺农村"的战略，将"三农"作为国家经济发展战略的重要目标，"三农"问题被提到前所未有的高度。在这样的情况下，重构农村金融体系，建立真正为"三农"服务的金融体系成为必然要求。

以扶贫为宗旨，切实为农村贫困人口提供信贷支持的公益性小额信贷因其服务目标、服务理念和天然的亲农性，成为受农户欢迎的一种金融服务模式。公益性小额信贷所采取的金融创新使其服务目标得以实现，而且这种金融创新被农村信用社所采用，成为服务农户尤其是贫困农户的重要模式。公益性小额信贷也由原来的扶贫项目逐渐转入普惠金融体系建设的框架中，成为服务"三农"、为农村贫困人口提供金融服务的重要部分，也是我国普惠金融体系建设中的基础部分。

第六章　公益性小额信贷的可持续发展

　　公益性小额信贷作为我国农村金融的补充力量，在解决传统金融机构所不能及的客户的信贷需求方面做出了重大的尝试和贡献，促进了我国农村尤其是贫困农村地区的经济发展。随着我国政府推进农村金融组织创新，以及适度调整和放宽农村地区金融机构准入政策的出台，公益性小额信贷的发展也面临着广阔的空间。但是，它主要面向低收入阶层和以家庭为基础的微型企业，这些客户因为规模较小、缺乏风险抵押和标准财务资料，传统的贷款分析技术起不到良好的效果，因此其操作成本高，难度大，机构承担着较高的交易成本和风险成本，再加上公益性小额信贷机构的资金来源渠道狭窄，制约了其可持续发展。①

　　这在世界范围内都是一种普遍现象。总体而言，国际上以贫困户和低收入者为主要服务对象的小额信贷机构大部分都不能实现财务的可持续发展，主要依赖各种援助，为此也在不断探索机构自身的可持续发展之路，常见的做法就是商业化，但商业化后往往会出现服务目标的漂移，也就是会出现服务对象改变的现象，这又成为国际公益性小额信贷遭到诟病的地方。

　　因此，公益性小额信贷机构可持续发展的关键不在于简单的财务可持续和机构可持续发展，是在坚持服务贫困人群的目标和宗旨不变的情况下，实现财务和机构的可持续发展。

---

　　① 按照一般观点，公益性小额信贷机构的可持续标准由低到高经历以下四个阶梯：第一，最低层次的可持续，业务收益不能弥补资金成本，也不足以弥补操作成本，要依靠捐赠和补贴才能运行；第二，业务收入仅能弥补操作成本；第三，业务收入可以弥补操作成本和软贷款或者低息补贴资金的资金成本；第四，业务收入可以弥补包括操作成本和商业性资金成本在内的所有成本，这是最高程度的可持续发展的概念，被称为财务可持续。

第一节 可持续发展内涵

公益性小额信贷可持续发展涉及如何理解可持续发展的内涵以及如何解决可持续发展过程中所面临的关键问题。

一 可持续发展内涵：可持续性、覆盖力和社会绩效

公益性小额信贷的可持续发展是指运用市场化的经营手段，达到机构财务可持续发展并保持其对贫困农户的信贷支持功能和一定的社会绩效。泽勒和迈耶（Zeller and Meyer，2002）[①] 在《微型金融大三角》一书中认为，财务可持续性、覆盖力和社会绩效既是微型金融的经营理念和目标，也是评判微型金融成功与否的产业标准。财务可持续性、覆盖力和社会绩效（社会福利影响）构成了微型金融发展的三个支柱（见图6-1）。

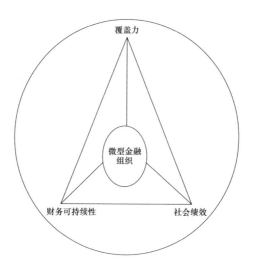

图6-1 微型金融发展的三个支柱

---

① Manfred Zeller and Richard L. Meyer, *The Triangle of Microfinance：Financial Sustainability，Outreach and Impact*, Massachusetts：The Johns Hopkins University Press, 2002.

公益性小额信贷的第一个目标就是覆盖力，既是覆盖更多的客户和覆盖更穷的客户，也是服务的广度和深度问题。然而，覆盖力并非以单纯的人数来衡量，而是一个综合指标，包括公益性小额信贷机构服务的范围（能为服务对象提供的产品）、深度（服务更穷的人）和广度（服务更多的穷人）。通常不仅要考虑服务的对象特点，如服务对象都是那些被传统金融机构排斥在外、得不到信贷支持的低收入者或穷人。这部分人群无法提供抵押和风险担保，因而他们的信贷需求得不到传统金融机构的支持。也正因为他们是低收入者和穷人，他们信贷需求具有额度小、频度高的特征，这使信贷的交易成本高。此外，公益性小额信贷考虑为更多的妇女提供信贷支持，通常认为妇女更难以获得信贷，因此服务的妇女数量也成为评价覆盖力的一个重要指标。最后，服务对象的贫困程度也是其中一个重要的因素。因为这部分客户是很难获得贷款支持的，这就是覆盖力的深度。

可持续性即财务可持续性已经被公认为公益性小额信贷机构产生和发展的前提，如果公益性小额信贷机构长时期依靠捐赠资金或政府补贴，就很可能因为资本侵蚀、流动性缺乏等问题而导致机构停办或关闭，那么，其服务目标和理念也就无从谈起。公益性小额信贷机构的可持续性发展一般分为三个阶段：第一阶段，收益不足以覆盖成本，机构处于负债经营阶段。第二阶段，收益能覆盖操作成本，但不能覆盖全部的商业成本阶段。第三阶段，收益能够完全补偿各种成本和风险后，还能获得一定的利润，在财务上实现完全的可持续性发展。

社会绩效是公益性小额信贷成立的初衷，也是其存在的价值和意义。对于那些低收入者或穷人来说，能够在公益性小额信贷机构的支持和监督下将信贷资金用于生产途径，从而提高收入、改善生产和生活环境，继而增加和积累财富，摆脱贫困走上自我发展的道路。

制度主义认为，公益性小额信贷的多重目标是共存的，也是相容的，机构只有在增强了自身可持续发展能力的基础上，才能扩大服务范围，提高对穷人的覆盖力，自然也就提升了扶贫绩效，也就是说，公益性小额信贷机构在自身可持续的基础上，才能为穷人提供服务，许多有经营能力的穷人在公益性小额信贷的支持下摆脱贫困，实现生活的自立。

以上分析表明，财务可持续性、覆盖力和社会绩效构成了公益性小额信贷机构发展的三个支柱，互相支撑、互相融合、互相协同。财务可持续性是基础，只有自身可持续的金融机构才能不断扩大服务范围，为更多穷人和更穷的人提供信贷服务，提高机构的覆盖力。此外，可持续发展的要求能促使公益性小额信贷机构不断地进行制度创新和挖掘更多的客户，在产品、技术和服务方式上进行不断的创新，从而提高其覆盖力，将更多穷人和更穷的人纳入服务范围。即使很穷的人，借助公益性小额信贷的帮助和支持，也能够平滑消费和生产，提高福利状况。对公益性小额信贷机构来说，则是提高了扶贫绩效。

二　可持续发展与商业化概念

商业化是小额信贷机构实现可持续发展的一个重要途径，也是国际小额信贷常用的方法。从图6-2中可以看出，商业化发展过程其实就是小额信贷机构逐渐实现财务可持续、机构可持续发展的过程。对于小额信贷的商业化争论焦点集中于商业化与覆盖力、机构规模、资金利用能力、使命漂移、竞争力上，一般认为商业化有助于提升小额信贷机构实现为穷人提供信贷服务的机会，实现财务可持续，提高覆盖力和提升操作效率，因此，在孟加拉国、斯里兰卡、菲律宾等地比较接受小额信贷商业化概念，但在印度尼西亚更倾向于用商业化导向而非商业化，他们认为商业化是以利润为中心的发展方向，如此一来违背小额信贷的原则，不利于穷人获得信贷服务，且有剥削穷人的嫌疑。

图6-2　商业化发展过程

亚行区域与可持续发展局局长希思威科先生（Jan P. M. van Heeswijk）指出："亚行认为商业化的重要性在于它不是我们的最终目的，而是为扩大给予贫困和低收入家庭及其所有的微型企业提供可持续金融服务的一种手段……事实上，数家小额信贷机构的经验表明，在商业化水平增加后，网点覆盖的深度也有所提高……小额信贷在亚洲地区的悠久历史提供了充分的证据，表明商业化有助于实质性和可持续地扩大业务覆盖范围。"[1]

国际小额信贷从福利主义向制度主义发展为我国公益性小额信贷商业化发展提供了理论与实践支撑。福利主义公益性小额信贷的首要目标是促进社会发展与消灭贫困，主张在提供小额金融服务的同时，向贫困人口提供技术培训、教育、医疗等社会服务。这一类的代表机构是孟加拉国的乡村银行、乌干达的国际社会资助基金会（FINCA）。制度主义公益性小额信贷认为，公益性小额信贷是在金融深化过程中衍生出来的金融创新，主张走商业化道路，通过监管将小额信贷机构纳入整个金融体系。与福利主义相比，制度主义更注重盈利，强调采用国际通用的标准财务体系达到数据的公开、透明，并习惯用自负盈亏率和资产回报率等财务指标来衡量公益性小额信贷机构是否成功。这一类的代表机构是玻利维亚的阳光银行、印度尼西亚人民银行、孟加拉国的社会进步协会。

当然，商业化运作并不意味着公益性小额信贷机构就能自动地运行良好并实现盈利，就如一些传统商业银行经营不善一样。商业化运作只是意味着有了明确的产权和治理结构，较之以前更有了可持续发展的基础。因为国际小额信贷机构实施商业化就意味着被纳入了正式的金融系统，有了监督和管理规范，而这无疑有助于小额信贷机构的发展。同时，小额信贷机构实现商业化运作是一个系统工程，还需要一系列的运作环境支撑，包括宏观政策环境、法律规范、管理措施、

---

① 这是亚洲开发银行根据一个于 2000 年批准的技术援助项目对在孟加拉国、印度尼西亚、菲律宾和斯里兰卡进行研究后得出的结论，参见《小额信贷的商业化：来自南亚和东南亚的实践》，2004 年。

多途径资金获得可能和现有的一系列信用支撑体系等。

三　可持续发展与覆盖力

"覆盖力"（outreach）[①] 一词，一般来说是用来描述向目标市场提供服务，但广义的覆盖力包括了许多方面，有服务的宽度、广度、深度和服务的可持续。

覆盖力广度指小额信贷机构服务的客户群体的数量，也就是说，公益性小额信贷机构为多少人提供产品和服务。孟加拉国在 2001 年年底时，公益性小额信贷机构已经为 1.2 亿人口提供了小额信贷服务。商业化最成功的印度尼西亚，已经有 2.7 亿人得到了小额信贷服务，占到全国农户数的一半。[②] 小额信贷机构商业化后，有利于提升其竞争力，从而服务于更多的客户，为更多的人提供信贷服务。

覆盖力深度指小额信贷机构服务的客户收入水平，而且常常被用来评估贷款者初次贷款数目的依据。覆盖力深度有时也用来指公益性小额信贷机构服务所能到达的地理区域范围，尤其是指覆盖到贫困地区的力度。公益性小额信贷商业化的关键在于既能提升机构的可持续性，同时又能为贫困人群和最贫困人群提供信贷服务。以往的经验表明，公益性小额信贷机构的可持续发展与维持其对贫困人群服务的目标往往是冲突的，两者具有一定的差距。但据亚洲开发银行的研究，印度尼西亚和菲律宾等公益性小额信贷商业化发展比较成功的国家，公益性小额信贷机构在实现商业化的同时，一样能为更多的贫困人口和最贫困人口提供信贷服务，并没有减少对贫困人口提供信贷服务。[③] 孟加拉国的小额信贷机构贷款额度平均只有 65 美元，只有人均 GDP 的 25%。印度尼西亚的小额信贷机构贷款额度最低的为 42 美元，相当于人均 GDP 的 0.1%，最高为 752 美元，为人均 GDP 的 110.6%，一般为 335 美元，为人均 GDP 的 49%。也就是说，大部分贷款者的

---

① outreach，在我国有的翻译成覆盖面，有的还翻译成覆盖力。

② Stephanie Charitonenko, Anita Campion, Nimal A. Fernando, *Commercialization of Microfinance*: *Perspecticve from South and Southeast Asia*, 2004, 亚行网站，https://www.adb.org。

③ 同上。

收入水平只有人均GDP的一半，① 贷款额度低表示其贷款客户的收入水平更低。这说明印度尼西亚小额信贷机构的渗透力深度足以达到贫困人口。

覆盖力宽度主要指小额信贷机构能为客户提供的产品数量和种类。在东南亚小额信贷机构发展的过程中，为了促进机构的可持续性和商业化发展，小额信贷机构由最初的以信贷服务扩大到储蓄、保险、转账、放贷、代缴电话费、电费和税收等服务，这些都是基于需求基础上产生的服务，扩大了小额信贷机构的业务类型，相应地也提高了小额信贷机构的收入水平，为实现财务自由目标奠定了基础。目前东南亚国家的小额信贷机构为客户提供的服务产品多达15种，发展了孟加拉国乡村银行的传统模式。东南亚国家小额信贷机构在实行商业化的过程中更加注重服务的多样化和产品的多元性，尤其注重储蓄和保险。储蓄不仅是一种服务，更是小额信贷机构巨大的资金来源渠道。而保险对家庭来说，是能有效降低经营的脆弱性和防范风险的有力工具，不至于使家庭一下子跌入到绝对贫困的低谷。这些都有效地降低了小额信贷机构的信贷风险，为提高经营收入和财务可持续性提供基础，增强了机构的综合竞争力。小额信贷商业化与覆盖力的上述关系可以用表6－1进一步表示。

表6－1　　　　　　　　　小额信贷商业化与覆盖力的关系

商业化的贡献	结果	对覆盖力的影响
实现财务上的成本覆盖和盈利	实现收支平衡	更稳定的服务能力
提升财务及盈利能力	持续降低成本，可以为客户提供更低价格的产品，减少客户负担	提升覆盖力
专注客户需求和偏好	设计出更多的以需求为导向、灵活的产品	提升服务的宽度和深度
透明化操作	有利于拓展商业性融资渠道	提升覆盖力
商业化提升机构竞争力	保持服务能力，拓展服务群体和服务区域范围	提升覆盖力

① Stephanie Charitonenko, Anita Campion, Nimal A. Fernando, *Commercialization of Microfinance: Perspecticve from South and Southeast Asia*, 2004，亚行网站，https://www.adb.org。

四　可持续发展与机构竞争力

公益性小额信贷机构商业化有利于增强对资金的吸引力，引来更多的投资资金，扩大资本，为机构开发新的产品、开拓新的地域带来了必备的资金。国际小额信贷商业化发展实践表明，小额信贷机构商业化有利于增强机构的竞争力已经成为一个不争的事实。在国际上，小额信贷机构商业化后吸引了不少商业性银行的投资，如玻利维亚，在小额信贷商业化后吸引了大量的商业性资金进入该领域，提高了小额信贷机构的竞争力。小额信贷获得大量资金后，便可以获得更多市场份额，开发新的更加符合农户需求的信贷产品和服务，这些都有利于小额信贷机构增强自身的综合竞争力。当然商业化并不是小额信贷机构实现财务可持续的保证，只是小额信贷机构实现财务可持续的基础。

五　可持续发展的高利率

向贫困人群提供信贷服务是公益性小额信贷机构的一项主要目标，但同时机构也要实现可持续性发展，由此形成一个矛盾，在这种情况下，如何维持一个合理的利率水平便成为解决问题的关键。国际经验表明，合理的利率水平是小额信贷机构可持续发展的重要条件之一。小额信贷机构的利率水平主要由以下四个因素决定：资金成本、业务操作费用、贷款损失以及为了可持续发展所需的必要利润。资金成本是小额信贷机构的刚性成本，小额信贷机构的运营成本主要来自人力资源成本和行政管理成本。小额信贷属于劳动密集型业务，人力资源的成本占很大的比重。行政管理成本主要是租金、公共费用、运输费用、办公设备及固定资产折旧费用等多方面的，这部分费用是小额信贷机构费用的主要成本，也是决定其贷款利率的关键因素。因此，小额信贷机构的运营成本决定了利率的高低。

六　可持续发展与使命漂移

但国际上对于小额信贷机构商业化后最担心的就是服务目标的漂移，即是否将服务对象由原来的贫困人口及最贫困人口漂移到农村非贫困人口甚至是农村富裕人口，且平均贷款额度增加，将这种因利益

追求而将服务目标转移的现象称为服务目标的漂移或使命漂移①。当
然，小额信贷商业化后期服务对象会发生扩大，即不完全服务于穷
人，但其服务主体依然是贫困人群。

　　亚洲开发银行的研究表明，印度尼西亚、菲律宾、尼泊尔的实践
证明，小额信贷由 NGO 转向商业化发展的过程中，并没有出现服务
目标的漂移；相反，其覆盖力度随之增强，能为更多的贫困人口提供
信贷服务。表 6－2 是印度尼西亚人民银行在 1990—2001 年的贷款情
况。在印度尼西亚和菲律宾公益性小额信贷商业化比较成功的地方，
仍然将贫困人群作为其服务对象，为他们提供信贷服务。商业化运作
后的印度尼西亚人民银行，1990 年贷款额度占人均 GDP 的 0.62%，
到 2001 年虽然贷款额度增加了很多，但其所占人均 GDP 的比例仅为
0.51%，并没有出现波动。这说明，印度尼西亚人民银行的小额贷款
用户并没有出现漂移现象，在商业化后仍是覆盖到贫困人口的信贷
需求。

表 6－2　　　　　印度尼西亚人民银行贷款额度与人均 GDP 情况

年份	贷款额度占 GDP 比例（%）	年份	贷款额度占 GDP 比例（%）
1990	0.62	1996	0.61
1991	0.57	1997	0.57
1992	0.59	1998	0.41
1993	0.59	1999	0.45
1994	0.60	2000	0.48
1995	0.60	2001	0.51

　　资料来源：Stephanie Charitonenko, Anita Campion, Nimal A. Fernando：*Commercialization of Microfinance：Perspecitve from South and Southeast Asia*，2004，亚行网站，https：//www.adb.org。

　　表 6－3 为孟加拉国小额信贷的贷款额度和占比情况，孟加拉国
小额信贷商业化发展后其服务目标也没有发生偏离，其服务主体依然

① 熊芳：《微型金融机构使命漂移的文献综述》，《金融发展研究》2011 年第 7 期。

是贷款额度在 1.1—4.5 美元的人群，占 39%，55.5 美元以下的贷款客户群体占 88%，55.5 美元以上的贷款客户群体仅仅占 12%，其中 35% 以上的贷款客户为农民、渔民和小手工业主。

表 6 - 3　　孟加拉国小额信贷贷款额度及占比情况（2001 年）

贷款额度（美元）	贷款总额（百万美元）	比例（%）
1.1—4.5	8.6	39
4.5—16.7	5.4	24
16.7—55.5	5.6	25
55.5 以上	2.6	12
总计	22.2	100

资料来源：Stephanie Charitonenko，Anita Campion，Nimal A. Fernando，*Commercialization of Microfinance*：*perspecticve from South and Southeast Asia*，2004，亚行网站，https：//www.adb.org。

第二节　可持续发展的制约因素分析

我国公益性小额信贷的发展受到诸多因素的制约，这些因素大致可归结为法律环境制约、资金规模制约、内部治理结构制约和风险因素制约。

一　法律环境制约

我国公益性小额信贷是在 20 世纪 90 年代初作为扶贫的重要工具而被引进和推行的，其运作方式是项目管理型的社会组织，而非与小额贷款公司类似的独立企业法人。它们处于我国农村金融政策管理的边界，既不能完全只用社会组织管理政策来管理规范它们，又不能套用金融机构管理政策来规范。这些机构以社会团体或是民办非企业单位注册，解决了机构存在的合法性问题，但在提供信贷业务方面，却面临着尴尬状况：没有具体的法律法规指导其信贷业务，其法律地位的缺失决定了其后续发展的困难和"瓶颈"。

（一）现行公益性小额信贷机构存在的组织形式

据不完全统计，现有公益性小额信贷机构包括联合国开发计划署（UNDP）体系下的甘肃省定西市安定区城乡发展协会、贵州普定UNDP项目办、湖南湘西州民富鑫荣小额信贷服务中心、天津市妇女创业发展促进会等在内的20家；联合国儿童基金会系统下的甘肃省渭源县贫困地区儿童规划与发展项目办、青海省贵南县LPAC项目办等在内的4家；国际计划体系下的陕西西乡妇女发展协会、陕西省佳县妇女可持续发展协会在内的4家；在中国社会科学院扶贫经济合作社系统下的河南省虞城县扶贫经济合作社等4家；以及中国扶贫基金会中和农信项目管理公司、宁夏惠民小额贷款公司与北京富平学校。

从上文可以看出，除了宁夏惠民小额贷款公司是企业法人，其他公益性小额信贷机构大多是项目管理型的社会组织或民办非企业单位，这些机构属于社会组织或民办非企业单位，这些机构的特点可以概括为如下几点：

1. 是扶贫，非传统扶贫

宗旨是为贫困群体提供贷款支持，帮助穷人树立信心，提高自立与发展能力，但却是通过并不优惠的贷款来帮助穷人；而传统扶贫则往往认为穷人应该获得赠款或低利率的贷款。

2. 是金融，非传统金融

所从事的活动当然属于金融活动，但它们的目标客户、操作流程和风险控制手段却与传统金融机构不同，无须抵押，只要一定的担保；传统金融机构嫌贫爱富，但他们却爱贫不嫌富。

3. 是慈善，非一般慈善

它们强调高效传递爱心，对贫困人群提供有偿资助，让受援人有尊严地接受帮助；一般慈善活动则往往是无偿资助，甚至有附加条件，受援人更多的是一次性资助。

4. 是企业，非营利企业

它们实行企业化管理模式，有产品和流程，但不以营利为主要目标，兼顾社会绩效，追求机构可持续发展和社会发展的双重目标。

（二）公益性小额信贷的信贷服务特点

1. 属于无抵押和担保的新型信用贷款

中央人民银行 1996 年发布的《贷款通则》和相关法律法规规定，以有无担保（或担保的方式）为标准，将传统贷款分为信用贷款、担保贷款。公益性小额信贷是无抵押贷款，不属于担保贷款。从表面上看，公益性小额信贷和传统贷款一样，采取的是信用贷款，但公益性小额信贷的服务对象都是传统信用评估中缺乏信用担保价值的人群，是传统信用贷款机构不愿贷款的对象，因此，公益性小额信贷也不能用现有的信用贷款法律作为规范。虽然公益性小额信贷采取小组担保贷款，但这里的担保与法律意义上的担保不属于同一个概念。我国《担保法》规定，担保人为第三人且必须具有大于借款数额的财产，而小组联保贷款制度中的小组成员均为借款人，同时也不具备所需的抵押财产，其利用的是乡村社会的"熟人社会"特点和违背信用就会遭到"集体放逐"的一种担忧，是一种社会资本资产化的做法。借款方作为贫困人口，他们的特殊性和脆弱性决定了他们承担风险的脆弱性，而公益性小额信贷机构因其扶贫目标也决定了机构应当承担一定的风险责任。这就将公益性小额信贷与传统贷款区别开来。

2. 相对独立的信贷服务

因其特定的服务理念和人群，公益性小额信贷不得不对传统金融制度和金融产品创新，无论信贷产品和信贷方式都不同于传统金融活动。公益性小额信贷有着独特的信贷经营模式和管理模式，在风险管理方式、风险贷款拨备、营销模式、决策等方面都有别于传统金融机构。这从法律角度来说，它的要件不同于传统贷款要件，因此，不能使用原有的法律规范，需要制定新的、独特的法律，将公益性小额信贷看作是一个独立的行业。在公益性小额信贷发展较为成熟的国家，一般都有专门的法律规范。

3. 信贷活动的法律关系

公益性小额信贷法律规范涉及的对象是各种主体之间因公益性小额信贷活动而产生的社会关系，即公益性小额信贷关系，同时还应包括公益性小额信贷领域内各种相关主体之间的公益性小额信贷交易关系和国家金融主管机关与各类主体之间的调控管理关系。

从法律性质上讲，公益性小额信贷交易法律关系是平等主体之间的债权和债务关系，借款人属于债务人，贷款人是债权人。就客体而言，是公益性小额信贷机构向借款人提供的、按照合同约定的利率和期限还本付息的货币资金或者其他金融或非金融服务。就内容而言，是贷款人对借款人享有债权，即依法到期收回贷款本息或收取其他服务费用的请求权，借款人对贷款人负有债务，即向贷款人归还本金、利息或对其享有的其他收费服务付费的义务。公益性小额信贷的债务与传统金融机构的债务一样，也都是合同之债。贷款人与借款人作为平等主体之间的权利义务关系以借款合同来确定。

公益性小额信贷管理法律关系则是国家或其授权的监管机关在对公益性小额信贷机构、公益性小额信贷业务及借贷市场实施监管过程中而产生的法律关系。具体应包括：对公益性小额信贷机构的主体资格的管理关系，对公益性小额信贷业务行为的规制关系以及公益性小额信贷机构违反法律的强制性规定所做出的处罚关系。因此，这是一种纵向管理关系，属于经济法范围，适用于经济法的基本原则。

（三）公益性小额信贷的法律制约

1. 法律地位缺失

公益性小额信贷在发展初期主要是一种扶贫行为，所以中央和地方政府的相关部门对其持支持态度，而且在对公益性小额信贷机构的金融活动、利率（包括收取的费用）等方面没有施加过多的干预，使公益性小额信贷活动得以顺利开展。但我国公益性小额信贷机构从最初的接受国际援助机构资助开展公益性小额信贷业务而设立的项目办公室，发展到由非政府组织开展公益性小额信贷业务而设立的社团法人，在这么多年内都一直没有得到金融监管和主管部门的正式认可，没有一个合法的金融机构身份，一直处于边缘的地位，是非金融机构身份。

中央人民银行1996年发布的《贷款通则》规定：贷款人必须经中国人民银行批准经营贷款业务，持有中国人民银行颁发的《金融机构法人许可证》或《金融机构营业许可证》，并经工商行政管理部门核准登记。这一规定，使中国社会科学院从事公益性小额信贷项目自1993 年以来很长时间都处在法律允许的边缘，以致该机构被人戏称为"合理不合法"。直到 1999 年，该机构才得到中国人民银行的批复，同意按照试验项目继续开展试验活动。随后商务部交流中心的公益性小额信贷项目也得到人民银行的认可。然而，国家又规定非金融公益性小额信贷机构不允许吸收公众储蓄，所以，尽管目前所有非政府组织或半官方专业性公益性小额信贷机构都在当地民政部门登记，有些甚至获得了中国人民银行等有关部门同意开展公益性小额信贷扶贫实验的批件，但所有这些公益性小额信贷机构都不是严格意义上的金融机构，也不具备一般经济实体所具备的融资资格，不属于企业法人地位，而是社团法人。这种状况使非政府公益性小额信贷机构不仅无法通过吸收自愿储蓄持续地筹集相对低廉的资金，而且也很难从传统金融机构进行融资，以扩大业务规模。民间机构的定位也使非政府组织或半官方专业性公益性小额信贷机构之间的业务合作受到严重束缚。

2. 农村金融新政对其也没有做出明确的规范

我国政府高度重视农村金融改革和发展，强调"要加强监管，大力发展小额信贷，鼓励发展适合农村特点和需要的各种微型金融服务"①。2005 年中央一号文件《中共中央国务院关于进一步加强农村工作提高农业综合生产能力若干政策的意见》提出："有条件的地方，可以探索建立更加贴近农民和农村需要、由自然人或企业发起的小额信贷组织。加快落实对农户和农村中小企业实行多种抵押担保形式的有关规定。"2006 年年底，中国银行业监督管理委员会发布了《关于调整放宽农村地区银行业金融机构准入政策　更好地支持社会主义新农村建设的若干意见》（银监发〔2006〕90 号），采取"宽准入、严监管"的政策，允许各类资本进入农村设立村镇银行、贷款公司和资金互助社三种新型农村金融机构。

在随后的 2007 年年初，中国银监会出台了一系列针对农村新型

① 中共十七届三中全会《中共中央关于推进农村改革发展若干重大问题的决定》2008年10 月 12 日。

金融机构的规定，如《村镇银行管理暂行规定》《贷款公司暂行规定》《农村资金互助社管理暂行规定》《关于小额贷款公司试点的指导意见》《关于村镇银行、贷款公司、农村资金互助社、小额贷款公司有关政策的通知》等。这些政策的出台意味着农村金融市场的开放，对新型农村金融机构给予了一个合法的身份，不仅加大了我国农村金融改革的步伐，还促进了这些新型农村金融机构的发展。2016 年 5 月底我国村镇银行总数达到 1356 家，全国共有小额贷款公司 8673 家。

2016 年中央一号文件《关于落实发展新理念加快农业现代化实现全面小康目标的若干意见》（2015 年 12 月 31 日）（以下简称《意见》）指出，"稳定农村信用社县域法人地位，提高治理水平和服务能力。创新村镇银行设立模式，扩大覆盖面。引导互联网金融、移动金融在农村规范发展。扩大在农民合作社内部开展信用合作试点的范围，健全风险防范化解机制，落实地方政府监管责任。开展农村金融综合改革试验，探索创新农村金融组织和服务。发展农村金融租赁业务"。《意见》对农村信用社、村镇银行、合作社，甚至互联网金融都有表述和规定，但对公益性小额信贷仍然是一字未提。

这些规定中都没有明确涉及我国新型农村金融机构先河的公益性小额信贷机构，对公益性小额信贷机构的法律地位仍然没有给出一个明确的法律规定。在这些法律规范中，也找不到能与公益性小额信贷机构发展相匹配的政策规定。显然，这些针对新型农村金融政策规定的出台，并没有给公益性小额信贷机构带来福音，公益性小额信贷机构仍然没有一个合适的法律地位。

3. 公益性小额信贷机构与农村新型金融机构的比较

表 6 - 4 显示，公益性小额信贷机构与新型农村金融机构最大的不同在于出资主体和资金性质的不同。村镇银行和贷款公司的出资主体是商业金融机构和其他投资主体，是属于商业性投资，机构性质是营利性的企业法人。资金互助社的主体是乡镇、行政村农民和农村小企业，属于银行金融机构，具有企业法人地位。而公益性小额信贷的出资主体是国内外捐赠者，资金性质属于公益性捐赠，机构性质属于非营利性的社团法人或事业单位。

表 6 – 4　　　　公益性小额信贷机构与农村新型金融机构的比较

	出资主体	资金性质	机构性质	业务区域
公益性小额信贷机构	国内外捐赠者、自有资金、批发性贷款	公益性捐赠或批发性贷款	非营利性民间组织，一般采取社团、事业单位和民办非企业法人、社会企业等形式	以县为单位，在县内挑选贫困乡镇的贫困村、城镇下岗失业问题严重地区
村镇银行	境内外金融机构、境内非金融机构企业法人、境内自然人	商业性投资	商业银行、企业法人	限定区域的县和县以下地区
贷款公司	境内商业银行、境内农村合作银行、外资金融机构	商业性投资	非银行金融机构、企业法人	限定区域的县和县以下地区
资金互助社	乡（镇）、行政村农民、农村小企业	互助、互益性	社区互助银行业金融机构、企业法人	划定区域的乡镇内的行政村

　　从表 6 - 4 的比较中可以发现，营利性的企业法人政策规定显然不适用于公益性捐赠的公益性小额信贷组织。营利组织有明确的出资者，产权明晰，股东对机构拥有所有权、收益权和支配权，有权决定机构的重大事项决策，监督管理经营活动。而对于公益性小额信贷机构来说，资金来源是公益性捐赠，出资人对资金的所有权在捐赠后就缺失了。在这种情况下，出资者并不参与公益性小额信贷机构的决策和经营，也就是没有决策权。此外，出资者也没有收益权。公益性组织不分配剩余，而是将剩余补充资金继续用于公益事业。资金互助社的资金性质虽然是互助、互益性的，但因其机构为企业法人，出资者就是互助社的成员，共同按照对组织的出资额而享有所有权和剩余索取权。而且互助组的成员都有对组织机构的发言权、集体决策权等，是一个完善的企业法人治理结构，互助社的企业法人地位和产权归属关系决定其管理机制有别于公益性小额信贷组织。

　　一方面，是现有关于农村新型金融机构的法律规定中，找不到专门针对或适用于公益性小额信贷的明确法律规定；另一方面，是国家一直在提倡农村信用社、中国农业银行等金融机构进行小额信贷活动，中国农业银行总行在 1999 年出台了《中国农业银行"小额信贷"扶贫到户贷款管理办法（试行）》，中国人民银行于 2000 年年初颁布了《农村信用社农户联保贷款管理指导意见》和《农村信用社农户小额信用贷款管理暂行条例》。这使公益性小额信贷机构处于一个尴尬地位，非常不利于其发展。

二　资金规模制约

目前，我国农村金融体系的主体仍是农村信用社和邮政储蓄银行，它们不仅是吸收储蓄的主体，也是农户小额贷款和农村中小企业贷款的供给主体。因为农村信用社和邮政储蓄银行支网点众多，在农村金融体系中有着天然的先发优势，且其小额信贷服务历史悠久，覆盖面大，在小额信贷的推行中占据天然的市场先发优势、信息优势和市场网络优势。公益性小额信贷机构无论在网络资源还是资金实力上都很难与其相匹敌。

事实上，在经历了二十多年的发展后，公益性小额信贷机构在坚持为农村贫困人群提供信贷的目标下，实现业务规模的扩大和资金的可持续，已经成为其发展不可回避的问题。公益性小额信贷机构在资金扩展上遇到的困难主要有：现有融资模式不具可持续性、产权模糊限制了其他投资主体的加入、政策规定不明限制了融资渠道拓展等方面。

（一）现有融资模式不具可持续性

由于扶贫性质，我国公益性小额信贷机构的初始资本大多来源于国际发展机构的捐赠资金，来源单一、数量小且不稳定。根据中国小额信贷联盟的数据，在 40 多个组织成员中，有 71.7% 的机构的初始资金来源于国际援助，作为配套资金，政府投入占 19.6%，社会捐赠占 6.5%，商业资金占 2.2%。到 2005 年年底，这些机构的资金结构仍然没有摆脱原有的模式，对国际援助机构的捐赠资金依赖很强，仍然占 70%，社会捐赠占比增加到 10.6%，政府投入的比重却在下降，为 12.8%，更为严重的是开始产生负债，比重达 4.3%。[1] 在国际援助机构中，以联合国提供的资金占绝大部分。

---

① 杜晓山等：《中国公益性小额信贷》，社会科学文献出版社 2008 年版，第 79 页。

自我国公益性小额信贷兴起以来，各种国际发展援助机构已经向公益性小额信贷机构提供了大量的资金，现在这些援助机构正逐步减少其对我国公益性小额信贷机构的资金投入，或者只是向那些操作比较规范、规模比较大、发展比较成熟的公益性小额信贷机构提供资金支持，而那些小规模、处于草根阶段的公益性小额信贷机构一般往往很难得到国际援助机构的资金支持。

对于这种现象，国内研究者和大部分公益性机构认为，中国的公益性小额信贷不能依靠捐赠资金生存，需要开拓和利用各种资金渠道，包括国内外捐赠、软贷款以及通过商业化渠道建立起自己的稳定的资金渠道，以满足发展的需要。在这种背景下，各公益性小额信贷机构都积极发展商业性融资，希望能摆脱捐赠资金的不稳定性和有限性。但由于商业资本的逐利性和公益性小额信贷机构自身经营绩效的影响，能得到商业资本融资的公益性小额信贷机构只是少数，并不能成为一种主要的融资模式。目前，只有个别的机构获得了这种商业性的批发贷款，如中国扶贫基金会小额信贷项目部和天津妇女创业发展促进会得到了国家开发银行的优惠贷款。

（二）产权模糊限制了其他投资主体的加入

制度经济学认为，产权明确是经济繁荣的先决条件。产权是经济所有制关系的法律表现形式。它包括财产的所有权、占有权、支配权、使用权、收益权和处置权。在市场经济条件下，产权的属性主要表现在三个方面：产权具有经济实体性、产权具有可分离性、产权流动具有独立性。产权的功能包括激励功能、约束功能、资源配置功能、协调功能。以法权形式体现所有制关系的科学合理的产权制度，是用来巩固和规范商品经济中财产关系，约束人的经济行为，维护商品经济秩序，保证商品经济顺利运行的法权工具。

公益性小额信贷机构的资金大部分来源于捐赠，在初期是由政府出面接受捐赠，后来直接由公益性小额信贷机构接受捐赠。这种资金产权归属模糊，没有明确的产权归属者，属于公益性财产。根据《中华人民共和国公益事业捐赠法》的规定，公益性社会团体受赠的财产及其增值为社会公共财产，受国家保护，任何单位和个人不得侵占、挪用和损毁。在这样的规定下，从国家层面来说，公益性小额信贷资金被认为是国家所有，是国有资产，理应受到国家机构的监管。而地方政府也认为，既然这些资金是捐赠给地方用于扶贫的，那么这些捐赠资金就应当属于地方政府。而对于执行机构来说，则认为这些资金应该由他们负责，因为这些捐赠资金对执行机构有着重要的影响，甚至直接决定着其生存和发展的命运。产权归属的这种分歧和不确定性，直接影响了公益性小额信贷业务的开展。在公益性小额信贷业务开展初期，出现许多贷款不还的现象就与产权模糊有关。

产权模糊还导致另外一个不利于公益性小额信贷机构融资规模扩大的现象，就是限制了其他资金主体进入公益性小额信贷领域。

（三）政策规定不明限制了融资渠道拓展

国外扶贫性小额信贷业务发展良好的一个关键性地方在于他们能够吸收客户存款，解决了资金来源问题，如孟加拉国格莱珉银行。小额信贷之父尤努斯也曾指出，我国的小额信贷是不健全的，只有一条腿走路，自然是走不长远。他所指的一条腿，就是指我国公益性小额信贷只能放款、不能吸收存款的情况。他的这个比喻非常恰当地描述了我国公益性小额信贷的法律地位和发展现状。时至今日，公益性小额信贷机构依然缺失合适的法律地位，开展的是信贷业务，但不具备金融机构的法律地位，是非金融机构，不能在开展贷款业务的同时吸收存款。因为根据银监会规定，非银行机构不具备吸储资格，而若面向不特定社会公众吸储，就有可能涉嫌非法集资。这严重影响了公益性小额信贷机构的资金可持续性，是公益性小额信贷资金短缺的最重要原因。

鉴于公益性小额信贷机构资金短缺已成为其可持续发展的一个制约因素，国际上的一般做法是成立资金批发机构来解决这一问题，如孟加拉国乡村信托基金和孟加拉国支持农村就业基金会，前者是国际上为采用孟加拉乡村银行模式的公益性小额信贷机构提供资金，后者是孟加拉国为小额信贷机构提供的公益性资金捐赠和优惠贷款。批发基金机构接受各方的捐赠、政府拨款和优惠贷款等，并进行相应的管理，然后给予优秀的公益性小额信贷机构资助，提供软贷款①。如果有专业的资金批发机构进行集中的投资，利用机构的闲置资金进行专业投资，显然有助于增加收入、扩大公益性小额信贷机构的资金规模、增强机构的可持续发展的能力。

2011 年 10 月 27 日，中国小额信贷联盟高峰论坛上国内首只公益批发基金——普惠 1 号公益性小额信贷批发基金在北京发布，该基金由中国小额信贷联盟、商务部中国国际经济技术交流中心、北京大学金融信息化研究中心、宜信集团联合倡导，是国内首家向公益性小额信贷组织以批发贷款的方式提供资金援助的公益性、可持续的自主批发基金。该基金的宗旨在于解决公益性小额信贷组织的资金"瓶颈"问题，推动公益性小额信贷组织的多元融资体系建设，帮助其更好地开展扶贫助农业务，实现机构的可持续发展，援助更多贫困弱势群体，推进中国普惠金融体系的建设。

该批发基金的成立，为我国公益性小额信贷融资开拓了一个新的途径，也是在现有政策没有突破的情况下，公益性小额信贷行业的自救。

三 内部治理结构制约

企业治理结构，是指所有者对一个企业的经营管理和绩效进行监督和控制的整套安排，实际指的是企业的直接控制或内部治理结构。企业的内部治理结构是现代企业管理的产物，也是现代企业所有权与经营权相分离的产物，是一个组织内部权力平衡体系，是组织的内部监管制度安排。企业的治理结构跟企业的产权紧密相连，而我国的公益性小额信贷机构属于公益性产权，产权归属模糊造成了其经营绩效缺乏有效的监督方和内部治理结构不完善，对经营绩效造成不良影响。

（一）组织结构不规范

我国公益性小额信贷机构的治理结构大多是按照各自的理念，借

---

① 公益性小额信贷资金批发机构除给公益性小额信贷机构提供软贷款外，还具有投资增值的功能。

鉴国外公益性小额信贷机构的做法形成了自己的组织结构，各具特色。归纳起来，我国公益性小额贷款机构的组织结构分为两类：一类是项目办公室模式，另一类是社团组织模式。

1. 项目办公室

一些地方政府在接受国际机构（联合国、非政府组织、国外金融机构）资助开展公益性小额信贷业务时，往往采取项目运作的方式，成立项目办公室负责公益性小额信贷项目的开展。如联合国儿童基金会设立的小额信贷管理中心、爱德基金在宁夏盐池县设立的盐池妇女发展协会下的小额信贷服务中心、香港乐施会在云南禄劝县设立的小额信贷项目办公室等。项目办公室是政府机构的组成部分，工作人员一般由当地政府的公务员临时担任，工资由政府支付，操作费用根据协议或者由国际援助机构支付，或者由政府财政作为配套资金提供。

成立项目办公室，也是当时特定政策环境下的产物。国际援助机构在寻求政府保护的意愿推动下，利用政府强大的动员能力和完善的组织系统，与政府机构合作开展工作。但后来的实践证明，这种合作模式有着不可克服的缺陷，为公益性小额信贷机构的发展带来了一些不良的后果：一是政府对信贷业务干预过多，公益性小额信贷组织缺乏独立性和经营自主权，结果资金常常被挪为他用，偏离公益性小额信贷的扶贫目标，最典型的是被政府用作当地政府运作的开支，或者建立能推动当地经济发展的大型生产项目。二是由于政府公务员担任信贷机构的管理员，无人真正为公益性小额信贷机构的经营负责，责任落实不到个人，没有真正的责任人，难以建立有效的激励和约束机制，更难以建立科学的管理制度。三是信贷业务管理人员和信贷员由当地政府人员担任，而他们是兼职，对他们并没有真正的约束，以致他们频繁调动工作，公益性小额信贷组织很难建立稳定的员工队伍。四是由政府主管公益性小额信贷，由于政府是公共服务机构，在管理中不讲究成本核算、投入产出、资产回报、自负盈亏等企业所需考虑的问题，使项目办公室很难面向市场按照自负盈亏的原则建立起自己的管理体制。

总体而言，由政府操作的公益性小额信贷机构，因为政府的参与和管理，使公益性小额信贷机构政企不分，组织经营绩效低下，不利于公益性小额信贷机构的可持续发展。

2. 社团组织

由于意识到政府机构直接参与公益性小额信贷运作的弊端，后来的一些公益性小额信贷机构不再采取项目办公室的做法，而是成立社团组织，由其直接负责公益性小额信贷项目的运作和发展。

相对于项目办公室，社团组织有了独立性和自主权，在资金使用、利率制定、员工选拔和使用、目标客户确定、信贷产品开发、管理制度等方面，社团组织都有自主权。而且，社团组织还成立理事会作为机构的管理决策机构，不再如项目办公室模式那样由政府官员说了算，从而在保证公益性小额信贷机构宗旨的贯彻落实、自主经营、提高管理水平和可持续发展能力建设等方面有了很大的改善。尽管有以上种种优势，但社团组织模式并没有从根本上为公益性小额信贷组织建立完善的治理结构，它仍然存在很多不利于公益性小额信贷机构发展的问题和矛盾。

一是社团组织形式的不利影响。按照法律规定，社团组织由社团成员组成、社员出资、社员所有，社员根据章程集体行使决策权，当社员退社时可以撤出自己投入的资金。而目前我国实行社团组织形式的公益性小额信贷机构的资产来源大多是捐赠资金和自身积累资金，并非社团成员的投入资金。这就造成了产权所有者缺位现象，不利于公益性小额信贷机构的可持续发展。

二是组织结构不完善。社团组织形式的公益性小额信贷机构成立的初衷是想成为贷款户自治组织——在社团内部设立决策机构（代表大会、理事会）、执行机构（经理、主任、秘书长）和监视机构（监视会）。但是，许多社团组织形式的公益性小额信贷机构没有或者虚设理事会，有的没有监事会，理事会常常成为虚设机构，决策权集中于执行机构，缺乏制约，风险控制弱，贷款质量难以得到保证。

三是缺乏独立性和自治性。社团组织主要是一种从政府机构走向完全独立的公益性小额信贷机构的过渡形式，这种组织形式并没有从根本上摆脱政府对公益性小额信贷机构的影响，政府在员工任免、信贷资金的使用上仍然有很大的影响力，不利于机构独立决策。

这种组织模式，限制了公益性小额信贷机构的快速发展，这也是后来许多机构改制转型的重要原因，如中国扶贫基金会小额信贷项目，在 2008 年实施改制转型，成立中和农信项目管理有限公司，将小额信贷由项目制转型为公司制，建立起健全的企业管理体制。经过改制后的中和农信，呈现出前所未有的发展速度和管理绩效。

（二）财务管理水平较低

财务管理水平较低也限制了我国公益性小额信贷机构的发展。这一点在我国公益性小额信贷的操作成本、资产成本率等成本核算指标和资金使用效率上表现得尤为突出。

操作成本一般用发放每一元贷款的经营成本来表示。根据 27 个小额信贷联盟成员 2005 年数据统计，2005 年我国公益性小额信贷平均操作成本为 8.5%，大部分公益性小额信贷机构的操作成本在 5%—10%，主要的机构占到样本数的 40.7%，但小于 5% 的仅占 18.5%，更有甚者操作成本占贷款额度的 50%。发放每笔贷款成本，平均为 150.2 元，最高为 1682 元，最低为 67 元。由此可见，我国绝大多数公益性小额信贷机构的操作成本还是比较高的（见表 6 - 5）。

表 6 - 5　　　　　我国公益性小额信贷机构操作成本情况

	<5%	5%—10%	10%—25%	25%—50%	>50%	样本总数
机构数（个）	5	11	7	3	1	27
占比（%）	18.5	40.7	25.9	11.1	3.7	100

资料来源：杜晓山等：《中国公益性小额信贷》，社会科学文献出版社 2008 年版。

另一个评价操作成本的指标是资产成本率，它表示每一元资产需要花费的成本。根据 27 个小额信贷联盟成员的数据统计，2005 年运营资产成本率平均为 6.6%，绝大部分公益性小额信贷机构的资产成本在 5%—10%，占 44.4%，但机构差别非常大，最高为 15.4%，最低为 1.7%，最低和最高的相差 3 倍，可见有些公益性小额信贷机构的运营效率之低（见表 6 - 6）。

表6-6   我国公益性小额信贷机构资产运作情况

	<5%	5%—10%	10%—15%	>15%	样本总数
机构数（个）	10	12	4	1	27
占比（%）	37.0	44.4	14.8	3.7	100

资料来源：同上。

公益性小额信贷财务效率低的另一个因素是劳动力成本较高，公益性小额信贷是劳动密集型产业，为了规避道德风险，往往需要聘用较多的当地乡村信贷员，这无疑增加了其人力资源成本，通常占到成本的50%—60%，有的甚至更高。

根据中国小额信贷联盟提供的27个公益性小额信贷组织的财务数据，在2005年这些公益性小额信贷组织中平均操作自负盈亏率[①]为90.6%，最高为209.9%，最低为32.6%（见表6-7）。

表6-7   2005年公益性小额信贷机构自负盈亏情况

	>120%	100%—120%	80%—100%	50%—80%	<50%	样本总数
样本数（个）	6	7	5	5	4	27
占比（%）	22.2	25.9	18.5	18.5	14.8	100

资料来源：杜晓山等：《中国公益性小额信贷》，社会科学文献出版社2008年版，第73页。

从表6-7可以看出，在27个样本数中，能自负盈亏的只有13个，占到样本总数的48%，也就是说，我国大多数公益性小额信贷机构都不具备可持续发展能力，还在依赖外来的资金援助或政府补贴。更有甚者，14.8%的机构操作自负盈亏率在50%以下，自我发展能力极低。

值得说明的是，我国公益性小额信贷机构在计算操作成本[②]时，大多没有将外化的成本，即捐赠资金成本、政府的补贴和上级机构的操作成本分摊费用计算在内。如果考虑到这些成本，那么大多数公益性小额信贷组织的自负盈亏率将更低，财务可持续性更弱。我国公益

① 操作自负盈亏率=经营收入/（财务费用+贷款损失准备金+经营费用）。
② 操作成本=（财务费用+贷款损失准备金+经营费用）/贷款额度。

性小额信贷机构的这种财务可持续性偏弱的状况，已经成为机构发展壮大的一个重要的制约因素。

四　风险因素制约

公益性小额信贷机构作为一种独特的类金融机构，除了具有传统金融机构同样的市场风险、可操作性风险，还具有客户主要是农村低收入人群、农业产业的季节性和弱质性，以及贫困人群收入不稳定的特点，使得他们具有与传统金融机构不同的风险特征，还面临着一定的额外风险。

（一）风险具有传染性产生的协变风险

普通商业银行的贷款一般针对借款人个体，并要求相应的抵押物，用来弥补借款人违约带来的可能损失，个体借款人的风险是由自己单独承担的。在正常情况下，商业银行的单个借款人发生了违约风险，并不会直接导致其他借款人的违约行为。但在公益性小额信贷机构，普遍实行的小组联保机制，将这些借款人捆绑在一起，他们彼此承担义务和责任，履行互相监督的责任，单个借款人的拖欠或者违约可能导致大面积拖欠或违约的发生，即一个人不还钱会影响到两个人，两个人不还款会影响四个人，直至整个村子。

（二）承贷人的意外风险

公益性小额信贷机构将服务对象定位于低收入者和贫困人群，这部分人群的收入来源极不稳定，再加上农业的季节性和弱质性，使还不上贷款和拖欠贷款的情况极有可能发生。拖欠和违约给机构的现金管理和资产带来风险，如果违约普遍发生就会给机构生存发展带来危机。

（三）不可预见的灾害风险

由于公益性小额信贷机构的贷款在地域上比较集中，在没有抵押和担保的情况下，如果一个地区发生较大的自然灾害，大量客户就可能同时发生违约，这可能导致信贷机构的破产或停办。如孟加拉国乡村20世纪90年代后期的自然灾害，就曾经导致格莱珉银行客户的大量违约，这一度使格莱珉银行陷入财务危机。

（四）产权不明导致的故意违约风险

大多数公益性小额信贷机构的资金来源于捐赠，产权属于公益产权，没有明确的财产所有者，使机构处于"所有者缺位"的状态，存在产权缺失引起的风险，这种状况有可能会导致管理层的低效率和经营者的道德风险行为。

此外，除了内部风险管理水平较低，公益性小额信贷机构还缺乏有效的外部风险监管。适当的外部风险监管，是降低信贷风险的必备手段，而目前，我国公益性小额信贷机构并没有被纳入传统金融机构的监管范畴，只是作为一种社团组织受到民政部或者工商机构的监管，而没有受到银监会或中国人民银行的监督管理。公益性小额信贷外部风险监管的缺失，必然影响其健康有序发展。

第三节　国际小额信贷发展及借鉴

本节从区域分布、贷款规模、机构地位、服务目标、融资模式、监管等方面来考察国际小额信贷发展现状及趋势，这些都是我国公益性小额信贷发展所面临或者是将要面临的问题，可以为我国公益性小额信贷发展提供有益的参考。

一　区域分布

由表6-8可见，国际小额信贷主要分布在非洲和拉美，这两个地区占54%，小额信贷依然主要是分布在经济不发达地区，其存在的理由和价值依然是解决被传统金融排斥的贫困人群的金融服务问题，提高他们的生产、生活状况，减缓贫困。

表6-8　　　　　　　　国际小额信贷区域分布区域情况

区域	南亚	非洲	东亚和太平洋地区	欧洲和中亚	拉美	中东
比重（%）	15	28	13	15	26	3

资料来源：小额信贷信息交换平台，http://www.themix.org。

二　贷款规模及有效客户数

其贷款规模在减少，但其有效客户数却在增加，反映其单个客户贷款规模在减少，其服务的深度和广度在增加，这也反映出大部分小额信贷机构的服务目标并没有发生漂移（见表6－9）。

表6－9　　　　国际小额信贷贷款规模及有效客户数

年份	2011	2012	2013	2014
贷款规模（亿美元）	910	1010	770	890
有效客户数（万人）	8800	9300	9300	10100

资料来源：小额信贷信息交换平台（mix）（www.themmix.org）。

三　机构地位

小额信贷开始改变过去被排斥在主流金融之外的处境，正在成为主流金融部门的一部分，逐渐被纳入到政府的金融监管范围（见表6－10），产品由过去以信贷为主，扩大到储蓄、保险和汇款，世界较大的小额信贷机构基本都是被监管的金融机构，只要少数的还保留着其非政府组织的身份。

表6－10　　　　国际小额信贷法律地位及覆盖面

机构	国家	法律地位	主要使命	借款人数（千）	覆盖面（%）	年均增长率（%）
格莱珉	孟加拉国	受管制的银行	削减贫困	6430	4.43	12
ASA	孟加拉国	非政府组织	增加收入	4000	3.31	8
VBSP	越南	国有受管制的银行	削减贫困	—	5.43	—
BRAC	孟加拉国	非政府组织	削减贫困	6241	2.92	9
ERI	印度尼西亚	受管制的银行	为小企业提供广泛的金融服务	—	1.44	—
SHARE	印度	受管制的金融机构	削减贫困	2357	0.07	45
Caja Popular Mexicana	墨西哥	受管制的合作社	改善成员的生活质量	786	0.58	7
Copartamos	墨西哥	受管制的银行	创造发展机会	1503	0.55	37

资料来源：参见杜晓山等《小额信贷发展概况国际研究》，中国财政经济出版社2012年版，第104—105页。［美］戴维·鲁德曼（David Roodman）：《微型金融》，游春译，中国金融出版社2015年版，第189页。此为2009年统计数据。

四 商业化及服务目标

从 20 世纪 80 年代开始，补贴式小额信贷受到越来越多的批评，孟加拉国格莱珉银行、印度尼西亚人民银行农村信贷部和拉美行动国际等以市场机制为基础的小额信贷机构受到越来越多的推崇。阳光银行是小额信贷商业化实践的成功案例。阳光银行在 1993 年创立于玻利维亚，是第一家为小企业以及微小企业服务的正规银行。在商业化背景下，它由一家非常成功的非政府组织演变为一家银行，机构从非营利性向营利性转变，并迅速实现了业务规模以及盈利能力的迅速增长。实行商业化，不仅实现财务可持续发展，并进一步实现从资本市场融资从而迅速扩大业务规模。

但商业化过程中出现的服务目标漂移也受到质疑，即其服务群体由贫困者向非贫困者甚至是高端客户漂移。过去小额信贷的突出标志就是采取有别于传统金融机构的信贷服务方式，为贫困人群提供金融服务需求以实现扶贫、增强妇女地位等一系列社会目标。如孟加拉国格莱珉银行，尤努斯最初的实践就是创办一家专门针对穷人放款的银行。实践也证明，格莱珉银行对解决地区贫困起到了积极作用。一些研究表明，较之于最贫困者而言，经济状况较好的人从小额信贷中受益更多。随着商业化，为了实现机构财务经营的可持续性与机构覆盖面最大化的组合，部分小额信贷机构出现了目标漂移，主要表现为其客户选择更倾向于高端客户，而降低对贫困人群的信贷（杜晓山，2006）。

五 监管问题

随着国际小额信贷的蓬勃发展，对小额信贷机构的监管引起政策制定者、捐赠者、投资者、实践者与学术界的广泛关注。在国际范围内，小额信贷机构潜在的金融风险、进入与退出机制、使命偏移等问题也一直是困扰监管当局者的问题。

一般而言，金融监管的目的主要有两个：一是防止存款类金融机构违规操作，保护一国的清偿体系；二是保护小额存款人的利益。此外，还有其他目标。小额信贷机构作为一类非银行金融机构，其监管具有类似的一面。对小额信贷机构的监管，既可以保护小额存款人利益，又可以防止金融犯罪等公共问题。从小额信贷机构自身来看，接受监管也有助于竞争环境的优化，为内控制度增加另一道保护线。从监管的分类来看，分为审慎性监管和非审慎性监管。审慎性监管不是很常见，主要针对保护小额存款人的利益，对流动性比率、存款准备金等进行规范。非审慎性监管是常见的监管方面，包括准入制度、报告制度等一系列内容，对小额信贷机构的约束较多。要求对小额信贷监管的主要原因：一是在于规范小额信贷市场，一些小额信贷机构试图通过吸收公众存款而扩大业务；二是捐赠者和政府基金也希望对小额信贷机构进行监管，且为其资金配置提供方向；三是政府试图推进农村金融制度体系的发展。

六　融资渠道问题

国际小额信贷从 20 世纪 90 年代开始，金融服务偏向储蓄存款、贷款、人寿保险、健康保险以及财产保险，银行机构也开始大量进入小额信贷市场。许多小额信贷机构进入资本市场，通过发行股票或者债券来筹集资金，有的发行贷款证券化。证券化迅速将小额信贷与发达国家的资本市场整合在一起。但存款也是国际小额信贷机构的一个重要融资渠道，在印度尼西亚、蒙古国、巴拉圭、斯里兰卡和玻利维亚甚至高达 70% 以上的资金来源于存款（见表 6-11）。如果没有储蓄，这些国家的小额信贷将无以为继。这也说明，国际小额信贷发展的一个重要前提就是取得金融机构地位，获得吸收存款的权利。目前，大部分国际小额信贷已经被纳入正规金融体系当中，有了明确的法律地位，这对促进国际小额信贷发展具有重大意义。

表 6-11　2009 年拥有贷款最多的 25 个国家的小额信贷机构的融资结构

国家	融资比重（%）		
	从投资者获取借款	存款	权益
摩洛哥	81	0	19
印度	76	4	19
尼泊尔	67	24	9
波斯尼亚和黑塞哥维那	64	18	18

续表

国家	融资比重（%）		
	从投资者获取借款	存款	权益
尼加拉瓜	64	21	16
埃及	49	0	50
巴基斯坦	49	26	25
巴西	45	25	30
南非	37	42	21
墨西哥	29	47	24
菲律宾	28	53	19
秘鲁	25	59	16
柬埔寨	24	60	16
尼日利亚	23	48	29
厄瓜多尔	22	61	17
埃塞俄比亚	21	39	40
孟加拉国	20	55	25
蒙古国	20	72	9
玻利维亚	17	70	13
哥伦比亚	16	65	18
乌干达	15	65	21
肯尼亚	13	65	21
斯里兰卡	11	75	13
巴拉圭	9	78	12
印度尼西亚	5	89	5

资料来源：［美］戴维·鲁德曼（David Roodman）：《微型金融》，游春译，中国金融出版社 2015 年版，第 219 页。

国际小额信贷自诞生以来，经历了从追求扶贫绩效的纯公益性行为到追求机构可持续发展与扶贫绩效双重目标的发展过程。

最初的小额信贷协会主要是通过政府和各种基金的资助，对贫困人口进行无偿补贴或低息贷款。在该机制下，贫困人口自身没有寻求发展的动力和压力，形成了惰性和依赖心理。与此同时，由于资金的有限性，这些无偿补贴或低息贷款往往没有真正落实到贫困人口的手中，而是流向那些社会资本深厚的人群中。这种情况与我国实施的救助式扶贫方式效果相类似。

20 世纪 70 年代后，小额信贷作为一种发展金融的模式，为贫困人口提供信贷支持的同时，要求贫困人口承担相应的偿还责任，推动了贫困人口自我发展动力，有助于他们自身能力建设，成为一种有效的脱贫方式。但由于小额信贷机构资金来源大多依靠捐赠资金，其可持续发展能力受到制约。

在 20 世纪 90 年代后，国际小额信贷机构的目的仍然是消除农村的贫困，但就在这时开始出现了新的变化，更加注重小额信贷机构的可持续性发展，即营利性，开始实施商业化发展道路。

小额信贷机构由非政府组织逐步演化为商业性的金融机构，不仅是小额信贷机构自身发展的需求，同时也是为了更好地服务于贫困人口的信贷需求。这一阶段的小额信贷机构已经从狭小的机构发展成为金融业务的一部分，从最初关注妇女、贫困人口的金融服务发展成为综合性的金融服务机构，它的主要特点是覆盖面增加，利率下降，吸收储蓄和可持续发展能力增强。

从理念来说，国际小额信贷已经由福利主义发展到制度主义。福利主义强调小额信贷机构为低收入和贫困人群提供信贷服务，帮助他们改善生产、生活条件，但福利主义不追求机构的财务可持续性，大部分资金靠捐赠，项目可持续能力低。而制度主义则主张在为低收入和贫困人群提供信贷服务的同时，也强调机构自身的可持续性发展。在国际上，这已经成为小额信贷机构的共识。可以说，国际小额信贷由福利主义发展到制度主义是小额信贷机构生存现实的压力所迫，如果没有小额信贷机构的可持续发展，依赖于外援资金或政府补贴，小额信贷机构随时都面临着资金短缺、资金被侵蚀的风险，导致机构因为现金流短缺而被迫停办或关闭，其服务理念的实现也就无从谈起。从国际上一些成功商业化的案例来看，如孟加拉国乡村银行、印度尼西亚的人民银行和玻利维亚的阳光银行，它们在成功商业化后，实现了可持续发展，其服务目标并没有漂移，反而扩大了服务范围和人群。

七 国际小额信贷发展的经验

（一）小额信贷有必要也能够走可持续发展道路

国际小额信贷机构的发展，经历了福利主义到制度主义的变化，其内在原因就在于福利主义小额信贷机构不具有可持续发展能力，可持续发展能力最终成为信贷机构生存和发展的决定性因素。实践证明，通过利率和运作的商业化发展，对客户进行市场定位，进行不断的产品和服务创新，努力提高经营能力，小额信贷机构可以扩大资金来源，提高小额信贷机构的经营能力，在财务可持续发展的基础上，更好地实现为低收入者和贫困人群提供金融服务的目标。

（二）国家金融政策的支持

从以上的案例中发现，政府的积极支持是小额信贷商业化得以发展的重要前提。政府对小额信贷的支持，表现在两个方面：一方面，制定相应的法律、法规，将公益性小额信贷纳入到传统金融体系，并允许其吸收存款，保证小额信贷机构的可持续性；另一方面，建立正确的监管原则，积极引导、规范公益性小额信贷组织的发展，降低小额信贷机构的运行风险，提高机构的生存和发展能力。

（三）完善的内部治理是小额信贷商业化成功的必备条件

首先，小额信贷机构需要具备专业的管理者和员工，小额信贷属于金融业务，如果专业知识不完善，会影响到产品和服务的创新，进而影响到小额信贷机构的可持续发展；其次，必须具备完善的风险督监管理体系，保障小额信贷机构的高效率、低风险运行；最后，实践证明，对员工和客户的培训至关重要。

第四节 公益性小额信贷的突破发展——以中和农信为例

我国公益性小额信贷自1993年开始以来，大多以项目制的方式存在和运营，有些机构在项目结束后随之关闭，有的机构在项目运营过程中因遇到运营问题而转型或关闭，但也有的机构在面临困难和挑战时，跳出已有的框架，并善于利用政策环境，实行创新发展。在公益性小额信贷机构发展呈现整体衰落的状况下，中和农信实行创新发展，由项目型小额信贷向机构型小额信贷转型，随后又向公司制小额信贷转型，不断开创进取，同时借着改制后的发展之势，开拓多样化的资金来源方式，获得传统金融机构的批发贷款、实行资产证券化、获得互联网金融的战略投资等，成为我国公益性小额信贷领域里最具有公信力和影响力的机构之一。这些创新和实践，为我国公益性小额信贷行业发展提供了一些先行先试验的做法和经验，有助于推动整个行业的发展。

一　组织机构的转型与治理结构创新

（一）项目型向机构型转型

中和农信起源于 1996 年的世界银行贷款秦巴山区扶贫项目，2000 年项目转入中国扶贫基金会，并扩展成立了小额信贷项目部，以项目形式一直运营到 2008 年 11 月，后改制为独立的项目管理公司，即中和农信项目管理有限公司。其背后推动组织变革的主要原因在于，运营过程中出现的困境和问题迫使其不断调适其组织机构以适应业务发展的需要。

世界银行贷款秦巴山区扶贫项目，借鉴格莱珉银行模式，在积累经验的同时，也发现项目本身存在的问题：

第一，机构的独立性问题。在项目实施阶段，虽已经按照法律规定注册，但因为是扶贫项目，政府进行的干预比较多，对项目产生严重的负面影响。

第二，配套资金落实存在很多困难。在 20 世纪 90 年代，贫困县的财政也是比较紧张的，因此常常出现挪用扶贫资金的现象，配套资金到位困难和迟缓严重影响项目的进度，极大地影响项目的财务工作。

第三，多头领导。项目运作机构设在贫困县，从项目设计、培训、检测、研究等各方面需要得到当地政府及其他主体的支持，容易形成多头管理的现象，项目单位无所适从。

第四，运用成本居高。人员浮多，收益较低，财务运行困难，容易造成亏损。

2000 年后项目转入中国扶贫基金会，由原来的项目形式转变为机构型，2001 年成立中国扶贫基金会小额信贷项目部，由项目型向组织型转型，并于 2001 年获得国务院批准，同意作为小额信贷扶贫试点单位，其合法身份得到确认，其后业务发展非常迅速，项目总数不断扩大，建立了一套独立的制度、人员、运行模式，使用了电子化的管理系统，开始走上职业化、专业化的道路。到 2008 年，项目区由最初的 2 个扩展到 11 省的 26 个县；贷款本金规模扩大到 1.13 亿元；有效客户为 2.69 万人，贷款余额 1.05 亿元。

在业务迅速发展的同时，也取得了显著的社会绩效：

一是通过信贷，增强了农户自立能力：鼓励他们参与小额信贷，并通过建立贷户联保、整贷零还、连续扶持等管理制度，对贷款贫困户产生了较大的约束和激励，促使他们想尽一切办法挣钱、还钱，培养了他们的商品意识和市场竞争能力。

二是建立了"一支永不走的扶贫工作队伍"。工作人员深入农村、深入农户家里，联络农户、有效组织社会发展生产、开展技术培训、宣传扶贫政策，成为当地贫困群众的带头人。

三是培育了扶贫项目：培育了农村市场发育相对较好、适宜贫困户发展的种植、养殖、捕捞、运输等微型项目 88 项，建立各具特色的专业自然村 123 个，初步形成"一村一品""一村一业"的集约规模生产格局。此外，还通过开展卫生医疗、扫盲、环保和生态工业示范等方面活动，极大地促进当地社会发展，对提高妇女地位、改善妇女经济状况及稳定家庭关系等方面起到了推进作用。

四是用实践证明了小额信贷是一种扶贫的好方式，真扶贫、扶真贫，实现了扶贫由"输血"向"造血"的转变，提高了扶贫的深度和广度。

（二）机构型小额信贷向公司型小额信贷转型

由项目型小额信贷转型为组织型小额信贷，业务得到迅速发展的同时，面临的挑战也越来越大，尤其是如何建立起真正独立运作的财务管理体系，为后续参与资本市场、扩展融资渠道提供支持，成为当时公益性小额信贷行业发展的前瞻和远虑。

为积极应对项目发展和外部环境变化所带来的挑战和机遇，完善项目管理体制、控制风险，并为进一步拓展小额信贷项目发展空间做好准备，中国扶贫基金会小额信贷项目部选择了又一次转型，于2008年年底注册成立了中和农信项目管理有限公司，专门负责小额信贷项目的实施和管理，将其与中国扶贫基金会剥离开来，实现独立的法人运作，按照商业化、市场化的管理机制运营，在保持财务可持续发展的同时，坚持扶贫目标和宗旨不发生偏移。

2008年前后，我国农村金融创新发展环境良好，国家先后发布村镇银行和小额贷款公司管理规定，允许在农村开设村镇银行和小额贷公司。

2007年，中国银监会发布《村镇银行管理暂行规定》的通知（5号文），同年中国银监会批准的首家村镇银行——四川仪陇惠民村镇银行正式挂牌成立。2008年，中国银监会与中国人民银行联合发布《关于小额贷款公司试点的指导意见》（〔2008〕23号）（以下简称《意见》），开启了我国农村金融创新发展、多元化发展的格局，农村金融进入门槛降低且主体多样化，但无论是村镇银行还是小额信贷公司的设立，其目标都是为了服务于农村经济，为农户和微小企业提供小额、分散的贷款，其服务范围都锁定在当地，不得在异地发放贷款。而中国扶贫基金小额信贷项目部的业务已经遍及全国11省的26个县，成立小额贷款公司不能覆盖其全部业务实施范围。

1. 改制后的性质

由NGO转身为小型金融公司，在原有小额贷款项目基础上成立了中和农信项目管理公司，其资产和债务从中国扶贫基金会剥离出来，由一个部门转变为独立的项目管理公司，自负盈亏、独立经营，实现公司化、专业化的运营。

2. 改制后的管理体制

改制后的中和农信，以全国连锁的方式，建立了一套成熟完整的矩阵式管理体系，搭建了较为完善的公司化组织架构（见图6－3），即总部在北京，负责分支机构的人员招聘、技术培训和监督管理，在每个项目县建立一个专门的小额信贷分支机构，用市场化模式招聘、录用、考核、管理员工，实现基层业务的单一化、标准化、职业化。

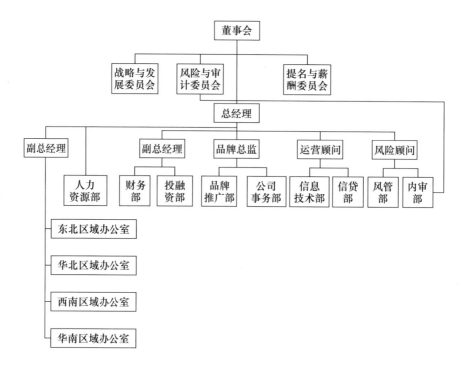

图 6 - 3　中和农信矩阵式管理结构

3. 改制后的业绩（2009—2016 年）

改制后的中和农信，业务发展迅速，2009 年累计贷款余额为 1.87 亿元，到 2016 年累计贷款余额突破 136 亿元（见表 6 - 12）。虽然 2016 年累计贷款余额相对于农业银行当年的贷款余额 3.3 万亿元[①] 而言相去甚远，但作为一个服务于农村贫困人群的小额信贷机构其成绩也是显著的。截至 2016 年 12 月末，全国小额信贷公司累计贷款余额 9272.8 亿元，同比减少 138.71 亿元，降低 1.47%，平均每家贷款

① 资料来源：《中国农业银行 2016 年年报》，证券之星，2017 年 3 月 29 日。

余额 1.07 亿元。① 中和农信 2016 年贷款规模已经远超过全国其他小额信贷公司，而且其风险控制良好，30 天以上的逾期不超过 0.8%，实现了可持续发展。

表 6-12　　　　　　　　　　中和农信整体业务情况

年份	2009	2010	2011	2012	2013	2014	2015	2016
覆盖省数（个）	11	11	13	14	15	16	17	18
覆盖县数（个）	26	39	52	63	92	141	166	235
农户占比（%）	—	—	—	—	98.27	93.50	95.50	93.80
有效客户（万）	3.14	6.70	10.65	13.06	17.50	23.70	30.60	36.60
女性占比（%）	77.30	83.79	91.06	93.10	93.40	93.50	93.30	91.93
累计贷款余额（亿元）	1.87	12.60	23.40	36.80	48.60	67.30	93.40	136.90
风险贷款率（大于 30 天）（%）	0.05	0.05	0.61	0.23	0.80	0.24	0.83	0.77
覆盖乡镇（个）	407	706	973	1161	—	—	—	3598
覆盖行政村数（个）	6417	10239	13726	17273	—	—	—	69760
覆盖农户数（万）	250	488	641.8	770	—	—	—	—

资料来源：根据中和农信各年报告整理。

改制后的中和农信业务增长迅速，在实现可持续发展的同时不断扩展其服务的深度和广度。（1）主体服务对象为女性，2009—2016 年，其女性贷款人占比不断提高，由 2009 年的 77.3% 提高到 2016 年的 91.93%，2014 年最高达 93.5%，略低于格莱珉银行的 97%。（2）其服务对象主要为农户，2013—2016 年，农户贷款占比一直保持在 90% 以上的比例。（3）贷款覆盖行政村数越来越多，由 2009 年的 6417 个增加到 2016 年的 69760 个，增长了 9 倍多。其中 85% 以上的地区为国家级、省级贫困县，是扶贫的重点区域。（4）贷款用途主要用于种植业、养殖业，两项占总贷款的 50% 以上（见图 6-4），贷款用途保证了贷款资金适用于农村，用于发展农村经济，促进农户脱贫

① 资料来源：第一贷网（http：//www.01dai.com），2017 年 2 月 9 日，该网数据根据央行发布的《2016 小额贷款公司发展报告》整理。

致富。（5）贷款额度小而分散。贷款额度集中在 8000—10000 元和 10000—30000 元，大部分贷款不超过 3 万元（见图 6-5）。

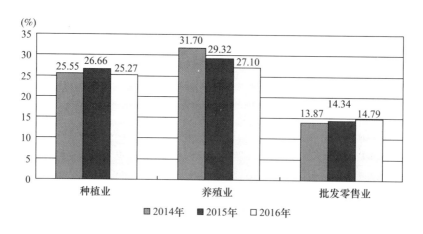

图 6-4　主要贷款用途

资料来源：《2016 年中和农信年度报告》。

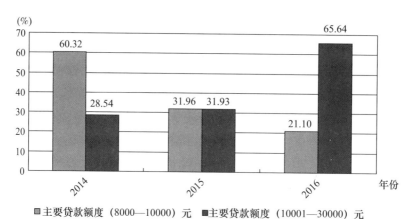

图 6-5　主要贷款额度分布情况

中和农信作为一家从 NGO 转型过来的社会企业，追求社会价值最大化是其与生身俱来的基因。中和农信遵循并倡导国际上小额信贷的双重底线管理原则，始终坚持企业的财务绩效与社会绩效并重，并将社会绩效管理提到公司战略的高度，致力于将中和农信建设成一家对社会有益的专业小额信贷机构。中和农信的社会绩效管理工作遵循国际普适性做法，紧紧围绕社会绩效治理、金融普惠、客户保护、人力资源开发和社会改善五个维度展开，将社会绩效的理念贯穿于公司运营的每一个环节。

2011 年 8 月，中和农信由沛丰评级机构①开展对其社会绩效评级活动。评级团队访问了四个分支机构，并且与中和农信总部所有部门的代表以及外部审计人员进行了深入讨论。最后中和农信的社会绩效得分是 3 分，在全世界小额贷款机构中位居中上。在使用 GIRAFE 机构评级方法的排名中，位居前 20。

2015 年年初该机构再次对中和农信进行社会绩效评级，中和农信的社会绩效评级得分由 2011 年的 3 分上升至 4 -（目前国际最高得分为 4 +），这意味着中和农信的社会绩效已经步入世界第一梯队水平。

从财务可持续，到覆盖力，到社会绩效评估，中和农信已经全面实现了公益性小额信贷机构可持续发展，并且一直保持公益性小额信贷机构自身的定位和社会发展目标。

中和农信的发展过程，从项目型小额信贷发展到机构型小额信贷，到公司化的项目管理社会企业，是不断解决问题的过程，是自身发展与外部环境不断调适的过程，是不断寻求发展壮大的过程，是不断探索农村金融创新发展的过程，是不断与农村经济发展融合的过程。中和农信突破性发展说明，公益性小额信贷在我国是可以实现可持续发展的。

二　中和农信的融资模式扩展

从表 6 - 11 中可以看出，国际小额信贷的融资结构主要来源于投资和存款，有些国家的小额信贷主要依靠存款，如印度尼西亚小额信贷项目的资金来源中存款占比高达 89%、斯里兰卡为 75%、玻利维亚为 70%，但我国小额信贷不允许吸收存款，只是可以放款，如此一来，资金来源成为悬在机构头顶上的"达摩克利斯之剑"，成为决定

---

　　①　沛丰评级机构总部位于法国巴黎，是一家为小额信贷机构提供评估和评级服务的专业评级机构，它使用 GIRAFE 和社会绩效评级方法。

小额信贷机构生死存亡的重要条件。我国公益性小额信贷机构在初期大多是得到捐赠性的扶贫资金或者是项目合作资金，一旦项目完成或者是资金来源中断，其业务便面临停止、关闭的命运，资金来源单一成为我国公益性小额信贷衰落的主要原因。

中和农信在项目发展的过程中，不断创新融资方式，拓展融资渠道，其资金来源渠道主要有四种方式：国际援助，捐赠、政府配套资金、无息贷款，正规金融机构的批发性贷款，投资、资产证券化等资本市场融资。

（一）国际援助：项目开展的最初资金来源

1996 年世界银行贷款秦巴山区扶贫项目启动，其中包括四川阆中和陕西安康两个小额信贷试点项目，这两个小额信贷试点项目便是中和农信最初的项目缘起。

秦巴项目是世界银行支持中国进行贫困社区综合开发的第二期项目，其主要特征是在秦巴山区选择 26 个贫困县中的最贫困村，同时进行基础设施、教育卫生、种养殖业、劳务输出、乡镇企业等多方面的综合性一体化开发，既改善贫困村的环境和生产条件，又通过项目开发增加贫困户的经济收入，增强贫困户的能力，以达到农户脱贫和社会开发的双重目标。其中，在四川阆中和陕西安康进行的小额信贷扶贫的试验，在 5—6 年的时间内，通过小额信贷扶贫方式，将 3320 万元人民币投放到 2 万多贫困农户手中，帮助他们改善自我就业，增加现金收入，提高综合素质，增强脱贫致富的能力。

四川阆中和陕西安康，贫困人口比较集中，当地农产品比较丰富，市场发育程度相对较高，农民有一定的市场观念，而且当地政府、金融部门、技术服务部门积极合作，在当地试点小额信贷能起到良好的示范效应。

（二）捐赠、政府配套资金、无息贷款：组织型小额信贷的资金来源

2000 年，四川阆中和陕西安康项目并入到中国扶贫基金会，成为中国扶贫基金会的小额信贷项目部，利用中国扶贫基金会的平台接受社会各界捐赠，其他资金来源还有政府配套资金和无息贷款。

1. 捐赠

这是中国扶贫基金会开始试点小额信贷扶贫项目最早的融资渠道，先后有世界银行、华夏银行、国际美慈组织、香港嘉道理基金会、法国沛丰协会、欧盟、孟加拉国格莱珉信托、花旗基金会、美国如新集团、耐克公司、摩根大通、微软集团、加多宝集团、恒大集团等组织和企业的捐赠。

2. 政府配套资金

作为中国扶贫基金会的小额信贷项目部，其业务与国务院扶贫系统紧密结合，将项目设立在国家和省的扶贫工作重点县，一方面支持这些县的扶贫工作；另一方面也获得这些地方扶贫财政资金支持，这项资金对中国扶贫基金会小额信贷项目的发展具有重大意义。

3. 无息贷款

2006 年获得嘉道理基金会提供的 1000 万元无息贷款。

（三）正规金融机构的批发性贷款：融资结构的第一次突破

在上述资金来源仍然满足不了中国扶贫基金会小额信贷项目的资金需求时，中国扶贫基金会将目光转向正规金融机构——国家开发银行。

2006 年获得国家开发银行提供的 1 亿元批发性贷款，这是我国首个获得正规金融机构批发性贷款的公益性小额信贷组织，也是我国正规金融机构贷款过程中的首创。此笔贷款在很大程度上解决了中国扶贫基金会小额信贷的资金筹措难题，也对其他银行与中国扶贫基金会的合作起到了积极的示范效用。

有了这个先例，此后中国扶贫基金会小额信贷项目先后获得英国渣打银行、中国农业银行、北京银行的批发性贷款。

2016 年 8 月 22 日，亚洲开发银行与中和农信 5000 万美元贷款签约仪式在北京举办，这是亚洲开发银行面向中国普惠金融领域提供的第一笔非主权贷款。

（四）资本市场融资

因为中和农信小额信贷项目运营绩效良好和强劲的发展势头，获得一些投资公司的投资青睐，同时试点发行小贷资产证券化的方式拓展融资渠道，成为小额信贷领域里最先与资本市场连通获取资金的机构。

2010 年，中和农信就获得红杉资本和国际金融公司（IFC）的投资。

2014 年 12 月，中和农信 2014 年第一期公益小额贷款资产支持专项计划在深圳证券交易所挂牌上市，总资产为 5 亿元。这是公益机构在深圳证券交易所的首次亮相，这也是小额信贷机构拓展融资渠道、开展小贷资产证券化的标志性事件。

2016 年 12 月 20 日，获得蚂蚁金服战略投资，蚂蚁金服成为中和农信的第二大股东。

中和农信在不同的发展阶段，其融资方式各有侧重，在初期主要是国际援助和捐赠资金，在发展中期以捐赠和批发性贷款为主，目前以资本市场融资为主。在中和农信融资渠道的扩展过程中，可以发现：融资渠道不断扩展的关键，在于中和农信从机构型小额信贷到公司型小额信贷过程中完善的财务报表和不断扩大的业务规模，也就是只有自身能力建设增强了，才能受到外部资金的青睐，才能有机会不断发展壮大。

三 中和农信的身份演变过程

中和农信的最初缘起是 1996 年世界银行的在秦巴山区的两个扶贫项目试点。

2000 年由中国扶贫基金会接管，成立小额信贷项目部。2001 年，国务院扶贫办下发文件（国开办函〔2001〕25 号）：根据国务院《中国农村扶贫开发纲要（2001—2010 年）》第 27 条精神，同意中国扶贫基金会作为小额信贷扶贫试点单位。标志着中国扶贫基金会小额信贷扶贫试点正式获得国家认可。

2010 年中和农信获得了国务院的免税批文。财政部和税务总局联合发文，明确"中和农信项目管理有限公司和中国扶贫基金会举办的农户自立服务社（中心）从事农户小额信贷取得的利息收入免税"。这相当于认可了中和农信的贷款业务和利息收入是合法的。

中和农信从项目身份到试点扶贫单位，到默认的类金融机构身份，是国家对公益性小额信贷机构的扶贫功能的认可，但仅仅从扶贫功能认识公益性小额信贷机构是不够的。在公益性小额信贷机构可持续发展过程中，其核心功能将随着我国扶贫工作的完结而显现其作为金融机构的金融属性和金融功能，成为真正意义上的准金融机构。

第七章　普惠金融体系下公益性小额
信贷演进分析

小农经济小而分散的特点决定了农村金融的高成本、低收益性，故传统农村金融难以服务到农村底层，农户信贷可获得性仅为27.6%，远远低于全国40.5%的水平。2015年年底政府出台的《普惠金融建设规划》提出，建设包容性的金融体系，构建多层次、多样化的金融服务供给主体，满足各阶层群体的金融服务需求。普惠金融是对传统农村金融制度演进的逻辑修正。在这一逻辑下，以服务于农村低收入者的公益性小额信贷有望"通过法律法规明确从事扶贫小额信贷业务的组织或机构的定位"，得到金融身份认可。在得到法律法规明确定位过程中，公益性小额信贷应该加强自身能力建设，实现可持续发展，凸显其金融功能属性，国外非正规金融演化的历程也证明如此。

第一节　农村传统金融与市场结构的矛盾

一　矛盾的成因

中国农贷制度的结构与变迁一定不能离开对小农家庭这个最基本单元的认识（张杰，2015），农村金融的特点也正是小农家庭经济特点的反映。

农村单个家庭经营规模小的特点决定了资金需求规模不大，贷款数额小，会导致农村信贷业务成本高、利润低，这也是以规模贷款为主的传统金融机构不愿意将业务扩展到农村的原因。

农业的季节性特点决定了农户贷款季节性特点明显，贷款供给要及时。农民的文化素质使他们希望贷款手续简单、灵活。这对于手续繁杂、贷款手续时效长的传统金融机构来说，一方面，农户的偿付能力不确定，有可能增加信贷风险；另一方面，季节性和灵活的资金需求不便于他们操作。

土地租约的转让还没有得到官方的正式确认，对大多数农户而言就没有可以作为正规金融机构要求的相应的信贷抵押资产，他们自然因此而被排斥在正规金融机构之外。未来农户的土地制度（所有权）仍然是一个不确定问题，目前在土地所承载的保障功能极强的情况下，土地制度改革依然是一个议而不决的问题。

地域分布上，我国农村广、分散、数量庞大，信息不易获得，决定了大部分农户几乎没有可供传统机构可以参考的信用记录，他们的信用主要是在熟人之间的心理认同，形成了正规金融机构与农户之间严重的信息不对称，这就使得以规模贷款为主、追求利润最大化的正规金融机构难以满足农户的金融需求，他们首要考虑的是资金的安全性，出现惜贷，甚至不贷现象。

二 矛盾的表现

农村金融市场已经是名副其实的"抽水机"，每年农村存款额中绝大部分都是用于非农业贷款或转移到城市，正规金融机构的农村信贷已经出现明显的"非农化"。非农业贷款最高为1995年，达50%，资金流向城市也是占比很高，1996年达20%。

农户获得贷款比例低。农户家庭存款一直是农村存款额度中增长最快和数量最大的主体，但其从正规金融机构贷款的额度却是最少的，1988年仅为2%，最高为1984年的23%（见表7－1）。

另据甘犁（2014）调查数据，全国正规信贷可获得性指数为40.5%，而农村地区仅为27.6%，农村生产信贷可获得性仅为31.3%，农村家庭受到严重的金融抑制（见表7－2）。

在没有获得信贷的农户中，62.7%的农户没有到银行申请贷款，9.7%的农户到银行申请但遭拒绝，这一比例远高于全国的6.0%（见表7－3）。

表7－1　农村金融市场资金来源和流向

单位：亿元，%

年份	各项存款数额				各项贷款数额				资金流出	
	农业企业	乡镇企业	农民家庭	农民家庭占比	农业企业	乡镇企业	农民家庭	农民家庭占比	非农业占比	城市占比
1979	505.5	110.7	345.0	36	436.8	163.1	40.2	4	34	30
1980	585.4	40.0	486.6	44	494.8	293.9	55.9	5	40	31
1981	874.6	148.2	677.6	40	514.3	333.2	86.1	5	34	31
1982	609.6	167.1	884.6	53	538.3	387.4	47.7	3	44	32
1983	502.6	262.6	1201.4	61	549.5	462.4	248.8	13	44	33
1984	518.4	373.8	1615.5	64	696.3	939.2	581.1	23	35	20
1985	419.1	303.4	1958.8	73	703.8	1039.2	572.7	21	37	12
1986	493.6	382.2	2583.7	75	815.3	1514.2	718.0	21	38	11
1987	510.6	412.2	3293.1	78	954.4	1839.5	901.4	21	42	11
1988	450.2	416.6	33292.6	97	936.6	1890.4	815.0	2	6	2
1989	377.6	338.9	3568.8	83	899.7	1784.8	772.2	18	49	15
1990	437.8	393.4	4675.6	85	1419.7	2063.7	942.8	17	45	16
1991	524.9	491.6	5716.0	85	1749.2	2490.9	1116.4	17	45	18
1992	680.7	728.5	6711.7	83	2151.8	3148.1	1274.0	16	45	18
1993	625.0	940.0	7384.0	83	2215.4	3789.0	1304.8	15	47	18
1994	577.9	907.5	8173.4	85	2386.3	3916.1	1316.1	14	49	19
1995	567.4	866.6	9172.5	86	2707.9	4121.9	1443.1	14	50	21
1996	601.0	941.0	10704.5	87	3694.9	4370.0	1560.2	13	48	20

资料来源：张杰：《中国农村金融制度：结构、变迁与政策》，中国人民大学出版社2003年版，第61页。在引用时笔者对数据做了一点整合。

表 7 - 2 　　　　　　　　　农村正规信贷可获得性总指数 　　　　　单位:%

	全国	农村地区
正规信贷可获得性	40.5	27.6
农业生产信贷可获得性	—	31.3

资料来源:甘犁等:《中国农村家庭金融发展报告2014》,西南财经大学出版社2014年版,第84—85页。

表 7 - 3 　　　　　　　　　　农村信贷约束比例 　　　　　　　　单位:%

	全国	农村地区
信贷约束比例	59.5	72.4
未申请贷款比例	53.5	62.7
申请但遭拒绝比例	6.0	9.7

资料来源:同上。

民间借贷参与率高。因此,农户不得不形成了这样的借贷次序:首先用非农收入增补家庭流动资金,其次则是友情借贷和国家信贷支持,最后在迫不得已时诉求于高利贷,而标准的商业性农贷对于中国绝大多数农户而言则仍然是一种可望而不可即的制度安排(张杰,2015)。

表 7 - 4 显示农村地区民间借贷参与率高达 43.8%,比全国34.7% 高出了近 10 个百分点。民间借贷占农村家庭债务总额比重也是非常高的(见表 7 - 5),这也说明农户大部分资金需求不能从正规金融机构获取,而是从民间借贷机构获取。

表 7 - 4 　　　　　　　　　　农村民间借贷参与率 　　　　　　　单位:%

	全国	农村地区
民间借贷参与率	34.7	43.8

资料来源:同上书,第103页。

表7-5　　　　　　　　　　民间借贷规模　　　　　　单位：万元、%

区域	民间借贷	占债务总额比重
农村	3.65	64.6
东部农村	4.66	64.7
中部农村	3.81	71.5
西部农村	2.81	57.4
全部	4.15	32.0

资料来源：甘犁：《中国农村家庭金融发展报告2014》，西南财经大学出版社2014年版，第103页。

第二节　普惠金融：农村金融制度演进的逻辑修正

一　农村金融理论

农村金融理论范式经历了三次大的转变，从以政府为主导的补贴式金融理论到市场竞争金融理论，再到不完全竞争市场金融理论，其演变的内在结果是农村金融由外生式金融发展模式转变到内生式金融发展模式。

20世纪80年代以前，理论界以农村信贷补贴论（Subsidized Credit Paradigm）为主，该理论认为鉴于农业产业的弱质性、低收益性和农民收入的不稳定性，为了增加农业产业的生产和减缓农村贫困，有必要从农村外部引入资金，同时实行低利率政策，缩小农业和其他产业之间的结构性差距。但实践证明，信贷补贴不可行，主要原因为：（1）政府提供的政策性低息贷款往往被有关系的农村较富裕群体或者农业企业获得，而真正的穷人往往因为信息滞后或者是无经营性产业而自动或被动地放弃了低息贷款。如此一来，补贴性信贷并没有达到当初的目标。（2）补贴信贷没有市场竞争，也不是按照市场规则来经营，其结构必然导致效率低下、机构可持续发展能力弱。

农村金融补贴论的实践失败直接催生了金融市场论，该理论是新古典经济学与金融深化理论在农村金融领域的应用，金融市场理论重视市场机制的作用，不赞成对农村金融市场进行干预，在观点及政策上与政府补贴论恰好相反。金融市场论的观点认为：（1）反对补贴。农民是"理性"的，他们具有储蓄能力，农村不需要从外部注入大量资金，只有提供正利率的储蓄工具给他们即可。（2）主张利率市场化，反对限制利率。低息政策妨碍人们向金融机构存款，抑制了金融发展（麦金农，1988）。（3）主张农村金融市场多主体竞争，不主张由政府建立单一类型的国有金融机构来提供农村金融服务，鼓励市场竞争，并允许其他类型的金融机构提供农村金融服务，政府对他们一视同仁，不能为国有金融机构提供补贴。（4）政府加强金融基础建设：政府积极支持金融机构创新，支持机构建设，帮助员工培训和开发管理信息系统，提供良好的法律政策环境。如果市场出现问题，政府应改善政策环境，或者以低成本高效益的方式解决市场失灵问题。

农村金融市场理论更重视农村金融市场机制作用的发挥，反对政府对金融市场的过度干预。但因农村经济具有分散、地域广、地区差距大、产业化程度低等特点，难以真正促进以利润最大化为目标的商业性银行机构解决农民的信贷需求，农民尤其是贫困人群的信贷需求依然没有解决。

此外，农村市场理论的前提要求市场是完善的，在发展中国家存在不同程度的金融抑制，并且农村金融市场的基础设施不完备、信息不充分等特点，决定了农村金融市场理论并不适用于发展中国家。实践也证明，发展中国家，农村金融市场还是需要政府的力量。在这个基础上，斯蒂格利茨提出不完全竞争市场理论，即发展中国家的金融市场是不完全竞争市场，尤其是放款一方对于借款人的信息不完全掌握，如果完全依靠市场机制就可能无法培育出一个社会所需要的金融市场。因此，需要政府适当地介入金融市场，以及采取借款人组织化等非市场要素弥补不完全竞争市场造成的不良影响。团体贷款就是借款人组织化的一种形式。这为政府干预农村金融演进提供了理论基础。

不完全竞争市场理论主张政府有条件、适当地介入金融市场，不断放开农村金融市场吸纳新的竞争主体，提高服务质量和效率。

二　我国农村金融制度变迁的历史逻辑

新制度经济学理论认为，金融体系的产生是为了节约交易费用和提高资源配置效率。但过去，我国农村金融制度的产生和发展并没有遵循节约交易费用和提高资源配置效率的逻辑，而是在尊重政府的意愿下进行的。我国农村金融市场改革是政府参与市场并主导总体改革进程的金融市场化道路，也即是以政府为主导的外生式的金融发展路径。

国内外学术界认为，中国渐进式经济转轨依赖于稳定的金融体系的支撑，即金融体制改革滞后于经济体制，其不平衡改革的根源在于国家对金融领域的强控制力和绝对主导地位（张杰，1997）。[1] 王曙光（2004）[2] 提出"制度变迁成本分担假说"，指出国家对金融体系的"强金融控制"弥补了国家财政能力弱的制度特征，给其他公共部门的改革提供了广阔的制度空间和巨大的成本补偿。钱颖一（1995）[3]、王曙光（2007）也认为，在中国整个经济转轨过程中，国家利用财政力量和财政渠道来配置资源的行为不断弱化，在这种情况下，国家对金融部门的强大控制使国家能力得以维持，从而能够集聚和动员国民储蓄并将这些储蓄用于支持体制内产出和整个公共部门的改革，这是我国金融制度变迁的历史逻辑。

在总体逻辑框架下，我国农村金融改革不仅落后于农村经济，更是不断为工业建设提供资金支持，农村金融市场资金用途中非农占比和城市占比都保持较高的比例（见表7－1），农村经济远远落后于城市。如今，经过四十年的改革开放，我国已成为世界第二大经济体，工业发展取得了巨大成就，而农村经济相对比较落后，该是工业反哺农业的时候，工业反哺农业的一个方式就是金融体系多层次、多渠道支持农业发展。

2015 年 12 月 31 日国务院印发《普惠金融发展规划》，提出"让

---

[1]　张杰：《渐进改革中的金融支持》，《经济研究》1997 年第 10 期。
[2]　王曙光：《金融自由化与经济发展》，北京大学出版社 2004 年版，第 231—254 页。
[3]　钱颖一：《企业的治理结构改革和融资结构改革》，《经济研究》1995 年第 1 期。

所有阶层和群体能够以平等的机会、合理的价格享受到符合自身需求特点的金融服务","到 2020 年，建立与全面建成小康社会相适应的普惠金融服务和保障体系，有效提高金融服务可得性，明显增强人民群众对金融服务的获得感，显著提升金融服务满意度，满足人民群众日益增长的金融服务需求，特别是要让小微企业、农民、城镇低收入人群、贫困人群和残疾人、老年人等及时获取价格合理、便捷安全的金融服务，使我国普惠金融发展水平居于国际中上游水平"。提出了新的监管思路，即"坚持监管和创新并行，加快建立适应普惠金融发展要求的法制规范和监管体系，提高金融监管有效性"。对于金融建设比较落后的农村，要求"要基本实现乡乡有机构，村村有服务，乡镇一级基本实现银行物理网点和保险服务全覆盖，巩固助农取款服务村级覆盖网络，提高利用效率，推动行政村一级实现更多基础金融服务全覆盖"。

《普惠金融发展规划》是我国金融体系建设的发展目标，也是我国金融体系尤其是农村金融体系的重构起点，是将农村金融市场的服务主体的重新定位，强调金融对农村经济的支持作用，强调每个人的金融服务获得权利。

三 普惠金融：多元化、广覆盖建设农村金融市场体系

构建普惠金融体系包括两个方面的含义：一方面，是强调金融体系要为所有人服务，金融体系应该是包容性的，普遍惠及于人类各阶层群体的，包括在传统上难以获得金融服务的低收入者和微型企业；另一方面，普惠金融体系的供给主体也是多层次、多样化的，针对不同的市场主体应该有不同的供给主体。如此一来，才能"让所有阶层和群体能够以平等的机会、合理的价格享受到符合自身需求特点的金融服务"，否则，没有供给主体的多样化和竞争性，"让所有市场主体都能分享金融服务的雨露甘霖"将是一个美丽的幻景，因为历史已经证明，在"尊重市场规律，使市场在金融资源配置中发挥决定性作用"的金融环境下，金融服务是不会自动惠及那些低收入者和贫困者的。

普惠金融体系的市场分层及供给主体如图 7-1 所示。

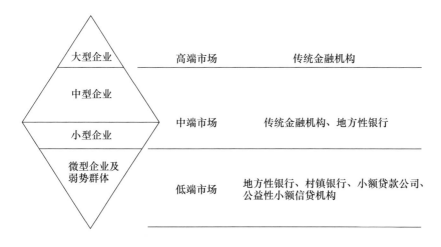

图7-1　普惠金融体系中的市场分层及供给主体

从图7-1中可以看出，普惠金融体系是一个多层次、多样化的需求市场，需求主体分为大型企业、中型企业、小型企业和微型企业及弱势群体，对应的是对资金需求量的不同。大型企业的资金需求量为最大，在高端市场中，金融供给主体是以五大行为主的传统金融机构；中型企业和小型企业的需求主要以传统金融机构和地方性银行为主；而微型企业的金融市场，供给主体则是以地方性银行、村镇银行、小额贷款公司为主；弱势群体的金融服务需求，尤其是农户和贫困人群的金融服务需求，目前主要以公益性小额信贷机构为主。

目前，我国普惠金融体系还没有实现"多元化、广覆盖的机构体系"，尤其是传统金融机构还没有真正将服务覆盖到"三农"和弱势群体，这也是普惠金融体系建设的重点内容。

四　普惠金融：逐步确立各类普惠金融服务主体法律规范

《普惠金融建设规划》的出台，为构建适合于、服务于农村经济主体的金融体系提供了战略路径，加速了我国农村金融体系建设步伐。

目前，存在普惠金融供给主体多样化，但在规范性建设方面却落后于实际，因此，在制度建设方面，《普惠金融建设规划》提出："逐步制定和完善普惠金融相关法律法规，形成系统性的法律框架，明确普惠金融服务供给、需求主体的权利义务，确保普惠金融服务有法可依、有章可循。""确立各类普惠金融服务主体法律规范。研究探索规范民间借贷行为的有关制度。推动制定非存款类放贷组织条例、典当业管理条例等法规。配套出台小额贷款公司管理办法、网络借贷管理办法等规定。通过法律法规明确从事扶贫小额信贷业务的组织或机构的定位。加快出台融资担保公司管理条例。推动修订农民专业合作社法，明确将农民合作社信用合作纳入法律调整范围。推动修订证券法，夯实股权众筹的法律基础。"

在上述条文中，特别提到"通过法律法规明确从事扶贫小额信贷业务的组织或机构的定位"。这对以扶贫为目标的公益性小额信贷机构来说，在我国普惠金融体系建设过程中将逐步明确法律身份，为可持续发展提供制度基础。

第三节　国外非正规金融发展模式

国外非正规金融演进实践表明，非正规金融在解决农村中小企业和农户弱势群体的金融需求方面有着正规金融所无法比拟的优势，合理引导非正规金融，并建立疏导与严惩并重的机制，将非正规金融纳入到正式金融体系和金融监管范畴，减少非正规金融不确定性，控制可能出现的金融风险和社会危害，使非正规金融更好地服务于社会。

一　美国：发展演进过程

美国虽然拥有比较完善的金融体系，但仍然还是有一些个人和企业很难获得正规金融服务，这部分人往往通过 ROCSAS、小额贷款公司等渠道解决。目前，美国主要的民间借贷组织形式主要有小额贷款组织、储蓄贷款协会和信用社。

轮转储蓄和信贷协会普遍存在于美国的移民社区中，外国移民根据自身经济能力组织不同规模的轮转储蓄和信贷协会。

小额贷款公司是一种常见的民间借贷组织形式，1995 年美国共有 325 个小额信贷组织，客户数量达 171555 个，共发放贷款 1.26 亿美元，其客户主要为女性和有色人种。

储蓄贷款协会由类似的组织或机构演变而来，其成员之间保持着较为密切的社会关系，这有利于掌握成员的资信度、监管成员的活动及保障信贷合约的执行。储蓄贷款协会分为互助性储蓄贷款协会和股份制储蓄贷款协会两种，以前者为主，占70%，其资金来源于成员的出资，不能通过招募外来股份吸收和增加资金。储蓄贷款协会必须注册登记，既可以在联邦政府注册，也可以在州政府注册；可以参加联邦存款保险或其他保险机构，甚至可以不参加任何存款保险安排。

美国的信用社是一种不以营利为目的的民间借贷组织。20世纪20年代，美国社会中下层阶级很难从银行获得贷款，在政府的帮助下，在社会内成立了合作性质的信用社。"二战"后，全美信用社协会和州协会开始大力提倡信用社的发展，并在1969年达到顶峰。1984年，美国政府逐渐取消有关存款的"Q"条例规定，在新形势下，美国信用社难以应对激烈的竞争，部分信用社纷纷破产倒闭。为了防止行业危机的进一步蔓延，美国政府先后通过了《竞争平等银行法》和《1989年金融机构改革、复兴与加强法》，并针对信用社建立一套完整的金融监管体系。此外，美国针对信用社建立了完善的法律法规和监管制度。1934年，美国国会通过了《联邦信用法》，对信用社的监管实施包括联邦政府监管和州政府监管在内的双重监管制度。1965年，美国各州政府成立了各州信用社监督专员全国协会，用于各成员间的有效监管。此外，美国政府为了促进信用社的发展，通过了《美国联邦信用社法案》，并依法确立了信用社在税收、存款准备金和存款利率三方面的优惠政策。

美国政府对待非正规金融的做法是积极引导并促进其发展，以满足社会各层次人群的资金需求。

二　我国台湾地区的民间借贷实践

我国台湾地区也是二元金融结构，民间借贷发展异常活跃。我国台湾地区的经济以中小企业为主，民营企业在所有企业中占比很高，最高时达到98%。这些中小企业的融资渠道主要是民间借贷，且规模极为庞大。1964—1974年，民间借贷所占的平均融资比重达36.6%，其中 1964 年高达 48.11%，最低值也在 30%。1991 年，民间借贷达 0.6 万亿元，资金流量占正规金融机构的 30%，贷款规模占国民生产总值的 55%，由此可见，民间借贷的规模之庞大。除了规模庞大，民间借贷组织形式也是多种多样的，最具代表性的是合会。

我国台湾当局对待民间借贷活动，采取了审慎管理的态度，无论是政策还是法律上都为民间借贷提供了生产和发展的机会。在二元金融格局下，我国台湾于 1964 年对合会组织进行了改制，并先后两次修订了"银行法"，承认民间借贷的合法性，为经营状况良好的合会转化为民营中小银行奠定了法律基础。1999 年，台湾地区"立法院"通过了"民法债编及其实施修正法案"，并将合会纳入现有的法律体系，依法对民间合会进行了界定，并对条款的内容、会首会员的任职条件、权利与义务、到会处理方式等做了详细规范，这使合会契约正式成为要式契约。这使上千年来依靠民间自发规则维持、备受政府歧视打压的合会首次在台湾地区成为由现代法律明确规范并制约，可在民法框架内依法发展的金融行为。合会行为的银行化，意味着对中小企业传统融资方式转变的支持和接纳。自此，台湾地区的合会逐渐在法律规范的引导下健康发展。

三　日本

日本非正规借贷市场发展程度很高，其中以互助社为代表。在日本，互助社被称为"Mujin"或"Ko"，始于室町时代（1336—1573 年），是带有经济互助性质的组织，为当地个人和中小企业提供资金支持。当初，作为一种自发的民间组织，政府往往对其不加管制。

1915 年，日本金融当局和日本银行研究了互助组织的利弊，国会出台了《轮转储蓄和信贷协会金融法案》（*Mujin Finance Law*），该法案首次将互助社纳入法律监管范围内，并对其准入条件、资金额、业务范围、监管部门的检察权、处分权等都相关法律责任做出了详细的规定。

"二战"后，日本国内出现了被称为伪轮转储蓄和信贷协会的财务公司。这类公司不需要固定的成员，也不会使用抽签或竞价的方法使客户获得资金使用权。随着经济的快速发展，该法案的部分条款已经不适应互助社发展的状况。因此，互助社协会要求政府起草新的法案，以促进互助社改造成中小银行。日本于1951年通过了《互助银行法案》，该法案的实施促使了轮转储蓄和信贷协会向商业银行转变。互助银行的业务范围包括：（1）接受定期的会金；（2）吸收存款和定期存款；（3）发放贷款，办理支票业务。在日本金融鼓舞研究委员的大力倡导下，到1990年，日本所有的互助银行完成了向商业银行的转变。

目前，日本仍然存在许多的非正规金融组织，包括信用金库、信用协同组织、劳动金库、商工组合中央金库和农林中央金库。这些民间借贷组织具有很强的地方性和互助性，主要为当地的中小企业提供金融服务，并和中小企业形成了相对稳定的融资网络体系。

这些非正规金融组织得以大量存在并蓬勃发展的主要原因，在于政府的积极引导和宽松的监管环境促进了这些非正规金融组织的发展。

四　印度

印度是农业大国，70%人口为农业人口，为了减缓贫困，政府自1969年开始，对农村信贷进行了一系列的改革和创新活动。最初，为了使农村最底层人获得银行信贷服务，同时为了减少非正规金融在农村的金融行为，政府不断扩大银行在农村地区的分支机构，且向农村提供优惠的信贷补贴，但结果是并没有减少非正规金融活动，提高农村地区信贷可获得性。

印度政府在向农村扩张金融机构和补贴信贷失败后，开始改变做法，在印度国家农业和农村发展银行的推动下，开始新的农村金融发展创新模式。

第一，引进新的机构——由国家控制的农村区域银行作为银行监管机构，向1—3个区域提供管理服务。

第二，将信贷自助组织作为合法的金融中介或业务协会，给予合法地位。信贷自助组织作为内生金融中介，在以储蓄为导向的基础上将正规银行贷款连接起来即信贷组织在银行开设账户，进行储贷业务，然后再向成员提供储蓄和贷款服务，并记录成员的信贷交易。

第三，采用灵活的合作模式，农村区域银行、信贷自助组织和银行都是独立的业务伙伴，各自拥有自己的金融资源和机构体系。

第四，通过外部援助建立非政府组织，并作为促进者培育和创立信贷自助组织。

印度农村民间金融发展过程具有如下特点：

第一，社会资源全方位支持。在非正规金融演进过程中，国家农业和农村发展银行等正规金融机构、政府组织、各级地方政府都参与了信贷自助项目。

第二，非政府组织积极推动。在将信贷自助组织与银行连接在一起的过程中，印度的做法并不是政府出面直接与私人机构合作，而是通过非政府组织作为中间人、银行作为合伙人的形式，融合非正规私人贷款中介和其他金融机构。

第三，金融监管机构指导性管理。印度政策性银行——国家农业和农村发展银行在非正规金融演化的过程中充当了重要中介作用，对银行进行再融资，并不直接介入具体的操作过程。印度的中央银行——储备银行作为监管机构，仅仅提供一个合作框架，并不是行政干预，由非政府组织出面，直接与非正规贷款人开展业务。

第四节　展望与结论

制度经济学家青木昌彦提出"市场增进论"，指出政府应当积极地参与市场发展，但它的主要参与方式应当是支持民间部门包括企业组织、金融中介等的发展和与它们协同工作，政府整体的职能在于促进或补充民间部门的协调功能，通过特定的机制设计，成为政府政策与经济体系相互作用的一个内在参与者，而不是解决市场失灵问题的外在机构。同理，在我国普惠金融体系建设中，"尊重市场规律，使市场在金融资源配置中发挥决定性作用"的同时，应积极支持金融中介尤其是农村小额信贷机构的发展和协同，促进农村金融市场供给主体的多元化和广覆盖，实现农村金融的普惠发展。

　　表7-6是我国近年来支持农村金融创新发展的主要法律法规。从中可以看出，从中央一号文件到部门规章都在重视农村金融改革，以供给侧结构性改革为核心，不断放开农村金融市场准入条件，增加农村金融市场的服务供给主体，逐渐形成多元化、广覆盖的农村金融供给格局，服务于"三农"，促进农村经济发展。

表7-6　　　　　　　　　对农村金融支持的主要法律法规

发布年份	主要内容	法律法规
2006年12月	放宽农村地区金融机构准入门槛；放宽境内投资人持股比例；放宽业务准入条件和范围等	银监会《关于调整放宽农村地区银行业金融机构准入政策更好支持社会主义新农村建设的若干意见》〔2006〕90号
2006年12月	进一步发挥农业银行、农业发展银行的支柱作用，深化农村信用社改革，引导邮政储蓄等资金返还农村，大力发展小额信贷，在贫困地区先行开展发育农村多种所有制金融组织的试点	中共中央、国务院《关于积极发展现代农业扎实推进社会主义新农村建设的若干意见》2007年中央一号文件
2008年4月	对新型农村金融组织的存款准备金、存款利率、支付管理、清算、会计管理、金融统计和监管报表、征信、现金管理等内容进行了规范	中国人民银行、银监会《关于村镇银行、贷款公司、农村资金互助社、小额贷款公司有关政策的通知》银监发〔2008〕137号
2008年5月	对小额贷款公司试点事项提出指导意见，对小额贷款公司的性质、设立、资金来源、资金运用、监督管理等进行了规范	银监会《关于小额贷款公司试点的指导意见》银监发〔2008〕23号
2009年4月	对县域金融机构上年涉农贷款平均余额同比增长超过15%的部分，按2%的比例给予奖励	财政部《财政县域金融机构涉农贷款增量奖励资金管理暂行办法》财金〔2009〕30号
2009年6月	小额贷款公司改制为村镇银行的门槛规定	银监会《小额贷款公司改制设立村镇银行暂行规定》银监发〔2009〕48号

续表

发布年份	主要内容	法律法规
2009 年 7 月	对 2009—2011 年新型农村金融机构的发展做出总体安排	银监会《新型农村金融机构 2009 年—2001 年总体工作安排》银监发〔2009〕72 号
2010 年 4 月	加快培育新型农村金融机构	银监会《关于加快发展新型农村金融机构有关事宜的通知》银监发〔2010〕27 号
2010 年 5 月	符合条件的新型农村金融机构和基础金融服务薄弱地区的银行业金融机构享受中央财政补贴	财政部《中央财政农村金融机构定向费用补贴资金管理暂行办法》财金〔2010〕42 号
2010 年 5 月	支持农村金融发展,对农村金融机构实施税收优惠	财政部、国家税务总局《关于农村金融有关税收政策的通知》财税〔2010〕4 号
2010 年 9 月	全面开展对县域金融机构涉农贷款余额的超增部分给予一定比例的奖励	财政部《财政部关于印发〈财政县域金融机构涉农贷款增量奖励资金管理办法〉的通知》财金〔2010〕116 号
2012 年 6 月	对小额贷款公司涉农贷款增量实施奖励	财政部《关于开展小额贷款公司涉农贷款增量奖励试点的通知》财金〔2012〕56 号
2014 年 3 月	巩固和扩大农村金融机构定向费用补贴政策效果	财政部《关于印发〈农村金融机构定向费用补贴资金管理办法〉的通知》财金〔2014〕12 号
2014 年 12 月	进一步健全农村金融服务体系,加快推动村镇银行本土化、民营化和专业化发展	银监会《关于进一步促进村镇银行健康发展的指导意见》银监发〔2014〕46 号
2015 年 2 月	推进农村金融体制改革,要综合运用财政税收、货币信贷、金融监管等政策措施,推动金融资源继续向"三农"倾斜,确保农业信贷总量持续增加、涉农贷款比例不降低	中国中央、国务院《关于加大改革创新力度加快农业现代化建设的若干意见》2015 年中央一号文件

续表

发布年份	主要内容	法律法规
2015 年 12	提高金融服务的覆盖率、可得性和满意度，增强所有市场主体和广大人民群众对金融服务的获得感，尤其是低收入人群和特殊群体的获得感	国务院《推进普惠金融发展规划（2016—2020 年）》国发〔2015〕74 号
2015 年 12 月	引导互联网金融、移动金融在农村规范发展。开展农村金融综合改革试验，探索创新农村金融组织和服务。全面推进农村信用体系建设。强化农村金融消费者风险教育和保护	中共中央、国务院《关于落实发展新理念加快农业现代化实现全面小康目标的若干意见》2016 年中央一号文件
2016 年 12	以供给侧结构性改革为核心，金融领域的改革创新也围绕这个纲领展开	中共中央、国务院《关于深入推进农业供给侧结构性改革加快培育农业农村发展新动能的若干意见》2017 年中央一号文件

展望农村金融市场中供给侧结构性改革，一方面是放开农村金融市场准入，让更多民间资本进入到农村金融市场；另一方面是将现有在农村金融服务市场已经做出贡献、具有比较优势的非正规金融服务组织或机构和新型业态组织纳入到普惠金融体系建设的框架内，给予合适的法律地位和采取适当的监管方式。《普惠金融发展规划》提出："引导各类型机构和组织结合自身特点，找准市场定位，完善机制建设，发挥各自优势，为所有市场主体和广大人民群众提供多层次全覆盖的金融服务。"据此逻辑，在农村金融市场中占有信息成本优势、团体担保优势和交易成本优势，在满足农户和贫困人群金融需求上具有明显优势的公益性小额信贷值得重视和发展，在普惠金融建设体系中其法律身份也将得以明确，正如《普惠金融发展规划》中明确提出，"通过法律法规明确从事扶贫小额信贷业务的组织或机构的定位"。

当然，在身份得以明确的过程中，公益性小额信贷机构应该加强和提升机构的可持续发展能力。

首先，应该完善管理体制，提升制度绩效，拓展融资渠道，实现财务可持续发展，财务可持续是机构发展的基础。

其次，在实现机构财务可持续发展的同时，保持服务目标的不漂移。服务于农户和农村贫困人群是公益性小额信贷的初衷，也是其立足的根本和存在的理由。而且，随着农业产业化和农民收入的增加，农村金融市场未来有着广大的发展空间。在保持其扶贫功能的同时，应逐渐提升并强化其金融功能属性，作为正式金融机构，发挥其金融服务功能才是核心和根本。

最后，充分利用"互联网"开展业务。在信息时代背景下，利用大数据分析技术，突破传统金融机构依赖金融征信数据的局限，充分利用自身拥有大量农户信贷信息的数据优势，对农户信息进行风险评估和信贷管理，开发适合农户需要的方便快捷的信贷产品，不断提高市场业绩。

参考文献

［1］［美］阿罗：《信息经济学》，北京经济学院出版社1989年版。

［2］［印度］阿玛蒂亚·森：《贫困与饥荒》，王宇等译，商务印书馆2001年版。

［3］［美］爱德华·肖：《经济发展中的金融深化》，上海三联书店1998年版。

［4］曹子娟主编：《中国小额信贷发展研究》，中国时代经济出版社2006年版。

［5］陈军、曹远征：《农村金融深化与发展评析》，中国人民大学出版社2008年版。

［6］陈熹：《社会资本视角下的农户借贷行为研究——以江西省为例》，社会科学文献出版社2016年版。

［7］陈娴婷：《关系型借贷对农户小额信贷的风险化解作用》，《现代农业科技》2008年第4期。

［8］陈耀芳：《农村合作银行发展模式研究》，经济科学出版社2005年版。

［9］陈怡：《农村妇女小额信贷在中国的尝试及思考》，《经济论坛》2008年第14期。

［10］陈银娥等：《中国微信金融发展与反贫困问题研究》，中国人民大学出版社2016年版。

［11］陈幼惠：《论农村小额信贷对农村脱贫致富的作用》，《当代经济》2008年第7期。

［12］程恩江、刘西川主编：《中国非政府公益性小额信贷和农村金融》，浙江大学出版社2007年版。

［13］程昆、张康松：《何去何从，农村小型金融机构内生式的发展》，中山大学出版社 2016 年版。

［14］楚永剩：《新时期中国农村贫困的特征、扶贫机制及政策调整》，《宏观经济研究》2008 年第 10 期。

［15］崔德强、谢欣：《印尼小额信贷模式及借鉴》，《农村金融》2008 年第 6 期。

［16］崔满红：《金融资源理论研究》，中国财政出版社 2002 年版。

［17］戴小文、周毅：《农村小额信贷机构运行障碍研究及对策建议》，《北方经济》2008 年第 11 期。

［18］［美］道格拉斯·诺斯：《制度、制度变迁与经济绩效》，上海三联书店 1994 年版。

［19］邸静：《我国农村小额信贷及其商业化发展研究》，硕士学位论文，中央民族大学，2009 年。

［20］杜晓山：《发展普惠金融，服务弱势群体》，《小额信贷扶贫》2008 年第 3 期。

［21］杜晓山：《非政府组织小额信贷机构可能的发展前景》，《中国农村经济》2008 年第 5 期。

［22］杜晓山：《国家应建立小额信贷批发基金》，《农村工作通讯》2008 年第 19 期。

［23］杜晓山：《商业化、可持续小额信贷的新发展——德国、阿尔巴尼亚和乌克兰小额信贷的研讨和考察》，《中国农村经济》2003 年第 10 期。

［24］杜晓山：《小额信贷：扶贫攻坚成功之路》，云南教育出版社 1998 年版。

［25］杜晓山：《小额信贷：告别贫困的希望之路》，《金融时报》1999 年第 5 期。

［26］杜晓山：《小额信贷原理及运作》，上海财经大学出版社 2001 年版。

［27］杜晓山：《中国小额信贷的实践和政策思考》，《财贸经济》2000 年第 7 期。

［28］杜晓山、孙同全、张群：《公益性及商业性小额信贷社会绩效管理比较研究》，《现代经济》2011 年第 5 期。

［29］杜晓山等：《中国公益性小额信贷》，社会科学文献出版社 2008 年版。

［30］杜晓山主编：《中国小额信贷十年》，中国社会科学出版社 2005 年版。

［31］段贵昌：《从国外经验看我国农村小额信贷市场策略调整》，《问题探讨》2009 年第 2 期。

［32］范贤玉、刘瑜：《从尤努斯"乡村银行"反思我国农村小额信贷》，《综述评析》2008 年第 11 期。

［33］方芳：《农村小额信贷对农民增收绩效的实证分析——以江西省新建县为例》，《农村经济与科技》2013 年第 10 期。

［34］甘少浩、张亦春：《中国农户金融支持问题研究》，中国财经出版社 2008 年版。

［35］高伟：《我国需要发展多种形式的小额信贷》，《中国金融》2007 年第 4 期。

［36］韩俊：《中国农村金融调查》，上海远东出版社 2007 年版。

［37］何广文：《农户信贷、农村中小企业融资与农村金融市场》，中国财经出版社 2005 年版。

［38］何广文：《只贷不存机构运作机制的特征和创新》，《银行家》2006 年第 8 期。

［39］何广文、冯兴元等：《中国农村金融发展与制度变迁》，中国财政经济出版社 2005 年版。

［40］何世红主编：《中国农村金融改革的探索之路》，甘肃人民出版社 2007 年版。

［41］贺苏珊、徐鲜梅：《小额信贷与扶贫——联合国与中国合作试验》，中国小额信贷扶贫国际研讨会论文，1996 年。

［42］黄建新：《反贫困与农村金融制度安排》，中国财经出版社 2008 年版。

［43］［美］黄宗智：《中国乡村研究》（第二辑），商务印书馆 2005

年版。

[44] [美] 黄宗智:《中国乡村研究》(第一辑),商务印书馆 2003 年版。

[45] 江乾坤:《小额信贷创新发展与浙江实证研究》,中国经济出版社 2008 年版。

[46] 焦兵:《中国农村金融制度变迁:从外生金融扩展到内生金融成长》,中国社会科学出版社 2012 年版。

[47] 焦瑾璞、杨骏:《小额信贷和农村金融》,中国金融出版社 2006 年版。

[48] [美] 科斯、哈特、斯蒂格利茨:《契约经济学》,经济科学出版社 2003 年版。

[49] [美] 科斯等:《制度、契约与组织》,经济科学出版社 2003 年版。

[50] 孔祥毅:《百年金融制度变迁与金融协调》,中国社会科学出版社 2004 年版。

[51] 蓝溢江:《论信用合作——兼评中国农村信用合作社的发展与改革》,中国金融出版社 1999 年版。

[52] [美] 雷蒙德・W. 戈德史密斯:《金融结构与发展》,中国社会科学出版社 1993 年版。

[53] 李建军:《中国地下金融调查》,上海人民出版社 2006 年版。

[54] 李莉莉:《传统金融机构公益性小额信贷运行机制及其绩效评价》,博士学位论文,中国农业大学,2005 年。

[55] 李树杰:《标准小额信贷防范金融风险的经济学分析》,《生产力研究》2008 年第 21 期。

[56] 李文政、唐羽:《国内外小额信贷理论与实践研究综述》,《金融与经济》2008 年第 7 期。

[57] 李雅宁:《小额信贷客户福利研究》,中国经济出版社 2014 年版。

[58] 林丽琼、张文棋:《我国农业政策性金融制度创新思考》,《福建论坛》2005 年第 1 期。

[59] ［美］林南：《社会资本——关于社会结构与行动的理论》，张磊译，上海人民出版社 2005 年版。

[60] 刘磊：《农村金融改革与发展研究》，中国财富出版社 2016 年版。

[61] 刘仁伍：《新农村建设中的金融问题》，中国金融出版社 2004 年版。

[62] 刘卫红、胡亦夏：《农村小额信贷的风险分析及对策》，《现代农业科技》2008 年第 6 期。

[63] 刘永佶：《中国经济矛盾论》，中国经济出版社 2004 年版。

[64] 卢现祥：《制度经济学》，武汉大学出版社 2004 年版。

[65] 卢亚鹃、刘妍：《基于女性视角的小额信贷分析》，《农村金融》2009 年第 1 期。

[66] 卢燕：《玻利维亚阳光银行模式对我国小额信贷发展的启示》，《黑龙江对外贸易》2009 年第 2 期。

[67] 陆游：《农村普惠金融体系与商业型小额信贷的发展》，《管理观察》2008 年第 10 期。

[68] ［孟加拉国］穆罕穆德·尤努斯：《穷人银行家》，吴士宏译，生活·读书·新知三联书店 2006 年版。

[69] 钱水土、陆会：《农村非传统金融的发展与农户融资行为研究》，《农业经济研究》2009 年第 3 期。

[70] 任然：《小额信贷走进农村妇女》，《妇女研究》2007 年第 1 期。

[71] 商庆军：《金融资源配置及其组织化发展》，经济科学出版社 2014 年版。

[72] 邵兴忠：《共生原理与社会资本的对接：小额信贷运营的新语境》，《经营管理》2008 年第 5 期。

[73] 石俊志：《小额信贷发展模式的国际比较及对我国的启示》，《国际金融研究》2007 年第 10 期。

[74] 苏静等：《农村非正规金融发展减贫效应的门槛特征与地区差异——基于面板平滑转型模型的分析》，《中国农村经济》2013 年第 7 期。

[75] 孙若梅:《小额信贷对农民收入影响的实证分析》,《贵州社会科学》2008年第9期。

[76] 孙若梅:《小额信贷与农民收入》,中国经济出版社2006年版。

[77] 孙同全:《公益性小额信贷与公益信托制度研究》,中国经济出版社2006年版。

[78] 唐红鹃、李树杰:《标准小额信贷——理论、问题与对策》,《农村金融》2008年第7期。

[79] 汪三贵、李莹星:《印尼小额信贷的商业运作》,《银行家》2008年第3期。

[80] 王兰芳、何国钦:《农村小额信贷产品的发展机制与绩效评价》,《上海金融》2008年第6期。

[81] 王曙光:《经济转型中的金融制度演进》,北京大学出版社2007年版。

[82] 王曙光、乔郁:《农村金融学》,北京大学出版社2008年版。

[83] 王伟光:《利益论》,人民出版社2001年版。

[84] 王晓静:《论政府在发展小额信贷中的作用》,《特区经济》2008年第12期。

[85] 温铁军:《"三农"问题与世纪反思》,中国农业出版社2005年版。

[86] 吴国宝:《中国小额信贷扶贫研究》,中国经济出版社2001年版。

[87] 小额信贷培训中心:《培训通讯》,2007—2008年各期。

[88] 晓文:《印尼小额信贷的发展》,《中国金融》(半月刊)2006年第14期。

[89] 谢丽霜:《论西部扶贫实践中的公益性小额信贷》,《贵州民族研究》2002年第4期。

[90] 谢丽霜:《民族地区农村金融与经济协调发展研究》,中国经济出版社2008年版。

[91] 谢云山:《我国小额信贷组织的现状与出路》,《中国金融》2006年第12期。

［92］星焱：《普惠金融：一个基本理论框架》，《国际金融研究》
2016 年第 9 期。

［93］徐磊：《对小额贷款公司盈利难问题的若干思考》，《经济研究
导刊》2008 年第 9 期。

［94］徐志勇：《农村小额信贷可持续发展问题的探讨》，《华中农业
大学学报》2008 年第 6 期。

［95］徐忠：《建立商业可持续的现代农村金融框架——中国贫困地区
农村金融需求与供给研究》，《金融纵横》2005 年第 3 期。

［96］闫永夫：《中国农村金融业——现象剖析与走向探索》，中国金
融出版社 2004 年版。

［97］余羚：《关于中国小额信贷组织的法律问题研究》，《社科纵横》
2008 年第 6 期。

［98］张承惠、陈道富：《我国金融监管架构重构研究》，中国发展出
版社 2016 年版。

［99］张承惠、郑醒尘等编著：《中国农村金融发展报告（2015）》，
中国发展出版社 2016 年版。

［100］张计划：《论市场化进程中的交易费用》，经济科学出版社
2005 年版。

［101］张建波：《中国农村金融供给状况及制度创新》，中国财经出
版传媒集团 2016 年版。

［102］张杰：《中国金融改革的制度逻辑》，中国人民大学出版社
2015 年版。

［103］张杰：《中国农村金融制度调整的绩效：金融需求视角》，中
国人民大学出版社 2007 年版。

［104］张乐柱：《农村合作金融制度研究》，中国农业出版社 2005
年版。

［105］张天琦：《农村金融发展的几点思考》，《信用合作》2005 年
第 11 期。

［106］张旭昆、胡沁：《中国农村小额信贷市场各主体博弈行为研
究》，《农业经济》2009 年第 3 期。

[107] 张学忠：《小额信贷可持续发展面临的问题及对策研究》，《青岛农业大学学报》2008 年第 9 期。

[108] 张永升、李会芳：《农村金融普惠的逻辑与路径》，国家行政学院出版社 2016 年版。

[109] 张余文：《中国农村金融发展问题研究》，经济科学出版社 2005 年版。

[110] 张中平：《民办小额信贷组织的发展方向探索》，《农村金融》2008 年第 12 期。

[111] 赵素宁、吕杰：《农村小额信贷风险及防范》，《农业经济》2008 年第 12 期。

[112] 郑贤炳：《西方货币理论》，西南财经大学出版社 2002 年版。

[113] 郑也夫：《信任：合作关系的建立与破坏》，中国城市出版社 2003 年版。

[114] 中国扶贫基金会：2007 年、2008 年年度报告。

[115] 中国人民银行小额信贷专题组：《小额贷款公司指导手册》，中国金融出版社 2006 年版。

[116] 中国人民银行小额信贷专题组编：《小额信贷通讯》，2007 年、2008 年（金融研究报告增刊）。

[117] 中国小额信贷联盟：《小额信贷扶贫》，2007—2008 年各期。

[118] 周好文、郝莹：《我国小额信贷问题的分析》，《经济问题》2008 年第 12 期。

[119] 周孟亮：《农村小微型金融组织"适应性"成长模式研究：基于普惠金融视角》，社会科学文献出版社 2016 年版。

[120] 周明：《非均衡信贷合约市场的微观基础》，中国金融出版社 2004 年版。

[121] 朱大：《印尼人民银行小额信贷：做法与启示》，《中国邮政》2008 年第 4 期。

[122] China Foundation for Poverty Alleviation, *Omnibus of Best Poverty Papers*, China: Economics Publishing House, 2001.

[123] Joanna Ledgerwood, *Microfinance Handbook: An Institutional and*

Financial Perspective, Washington D. C. : World Bank, 1999.

[124] Kasia and Pawlak, *Client – Focused Micro – Finance: A Review of Information Sources*, Microfinance Center, 2002.

[125] Lesley Sherratt, *Can Microfinance Work? How to Improve Ethical Balance and Affectiveness*, New York: Oxford University Perss, 2016.

[126] Marguerite Berger, *Microfinance: An Emerging Market within the Emerging Markets*, Washington D. C. : Inter – American Development Bank, 2000.

[127] Nava Ashraf: *Female Empowerment: Impact of a Commitment Savings Product in the Philippines*, New York: Harvard Business School, 2009.

[128] Robinson, Margueritte, *The Future of The Commercial Microfinance Industry in Asia*, Asian Development Bank Regional Conference on Microfinance Manila, 14 March 2005.

[129] Sudhansu Kunar Das, Sanjeeb Kumar Jena and Sanjay Kanti Das, *Microfinance and Empowerment of Rural Poor in India*, New Delhi. India: New Century Publications, 2012.

后　记

　　生活三部曲——活着、有尊严地活着、帮他人有尊严地活着，曾一度成为我生活的目标。正是这一目标，使还在为"有尊严地活着"而努力的我选择了公益性小额信贷作为我的选题和实践方向，我深信：公益性小额信贷不仅能给农村贫困人群提供无抵押贷款，还能"授人以渔"，通过开展各项技能培训从而提高贷款资金使用的成功率，帮助他们有尊严地活着。

　　小额信贷模式最早由孟加拉国的尤努斯创立，他还因此而获得"诺贝尔和平奖"。我国的小额信贷借鉴了尤努斯创立的格莱珉银行模式，并进行了制度改进，成为我国开发式扶贫的有效方式和农村金融的重要组成部分。

　　如今，由公益性小额信贷延伸和扩展而来的普惠金融已得到世界大部分国家和地区的认同，我国也正快速地推广和实施普惠金融，"到2020年，建立与全面建成小康社会相适应的普惠金融服务和保障体系"。在我国普惠金融体系的建设过程中，重点是为农民、城镇低收入人群、贫困人群和残疾人等提供金融服务，为这部分人提供金融服务是发展普惠金融的重点和难点，这部分人的金融服务获得性是衡量普惠金融发展水平的真正标尺。由此，"通过法律法规明确从事扶贫小额信贷业务的组织或机构的定位"已经成为推动普惠金融发展规划的一个内容，困扰公益性小额信贷发展多年的身份和定位问题将得到明确和确认，这无疑将有助于推动公益性小额信贷的发展。

　　愿更多的人"有尊严地活着"，同时也愿更多的人能"帮助他人有尊严地活着"。